감사인생

## 감사인생

Copyright ⓒ 도서출판 목양 2020
초판 1쇄 인쇄 2020년 10월 31일
초판 1쇄 발행 2020년 11월 5일

지은이 김도인 · 이재영
펴낸이 정성준
펴낸곳 도서출판 목양
　　　등록 2008년 3월 27일 제 2008호-04호
　　　주소 경기도 용인시 처인구 양지면 학촌로53번길 19
　　　전화 070-7561-5247　팩스 0505-009-9585
　　　홈페이지 www.mokyangbook.com
　　　이메일 mokyang-book@hanmail.net

ISBN 979-11-86018-91-0 (03230)

* 본 저작물은 신 저작권법에 의하여 한국 내에서 보호받는 저작물이므로 무단전재와 복제를 엄격히 금합니다.
* 책 값은 뒤표지에 있습니다.
* 잘못된 책은 교환하여 드립니다.

# 감사 인생

김도인·이재영 지음

목양

# 목차

프롤로그      6
추천사      10

## 01 하루에 대한 감사      15

생명주심을 감사하라      17
평범한 하루를 감사하라      26
새벽에 기도할 수 있음을 감사하라      36
가족 주심을 감사하라      44
하루의 시작을 감사하라      52
'눈 맞춤'을 감사하라      60
감사로 하루의 마침표를 찍어라      69

## 02 한 달에 대한 감사      77

이해를 감사하라      79
나눌 수 있음을 감사하라      87
고독을 감사하라      96
격려를 감사하라      105
여전한 삶을 감사하라      114
물질 드릴 수 있음을 감사하라      122
태도를 감사하라      130

## 03 1년에 대한 감사     139

내려놓음을 감사하라     141
희망주심을 감사하라     150
부족함을 감사하라     159
보호하심을 감사하라     168
실패를 감사하라     176
견딤을 감사하라     184
한 해를 돌아보며 감사하라     193

## 04 평생에 대한 감사     201

사명주심을 감사하라     203
만남을 감사하라     211
동행을 감사하라     220
고난을 감사하라     228
신앙생활을 감사하라     237
평생 감사하는 것이 최고의 삶이다     245

## 에필로그     253

## 프롤로그

　이 세상에 문제없이 살아가는 사람은 없다. 한 가지 문제가 아니라 여러 가지 문제를 가지고 살아간다. 사람뿐만 아니라 가정도 교회도 문제를 안고 살아간다. 문제를 붙들고 문제를 해결하려고 하면 더 헤매는 경우가 많다. 문제를 해결할 수 있는 가장 좋은 방법은 감사하는 것이다. 강준민 목사는 《감사는 숲을 담은 씨앗입니다》에서 이렇게 말했다.

　　"문제는 감사 앞에 무력합니다. 문제는 감사 앞에서 자신 안에 감추어 둔 보배를 내어놓습니다. 문제 속에는 해결책의 씨앗이 담겨 있습니다. 문제가 찾아왔을 때 감사하면 문제는 해결책의 씨앗을 우리에게 보여줍니다. 문제가 찾아왔을 때 문제를 두려워하지 마십시오. 오히려 문제로 인해 감사드리십시오. 문제는 우리가 감사할 때 어쩔 줄 몰라 합니다. 문제를 일으키기 위해 우리를 찾아온 문제가 감사 앞에 고개를 숙이게 됩니다. 그리고 감추어 둔 보배를 내어줍니다. 하나님은 문제라는 검은 보자기에 소중한 선물을 담아 보내십니다. 그래서 문제를 거부하면 하나님의 귀한 선물도 동시에 거절하는 셈이 됩니다."

남아프리카 잠비아 북부 고산지대에 바벰바 부족이 살고 있다. 이 부족은 원색적인 부족 전통만을 고집한다. 하지만 발전된 어떤 나라들보다 사회적 범죄 행위가 거의 없기로 유명하다. 그 이유는 "감사합니다"라는 말 때문이다. 간혹 규범을 어긴 부족민이 생기면 바벰바 부족만의 특별한 재판이 열린다. 재판이 열리면 규범을 어긴 죄인을 한가운데 세워놓고 부족민들은 며칠 동안 죄인에게 한마디씩 던지며 지나간다.

부족민들이 던지는 말은 이렇다. "저번에 먹을 것을 줘서 감사했어요.", "저를 보고 웃어줘서 감사했어요.", "우리 아들이 다쳤을 때 옆에 있어줘서 감사했어요.", "결혼할 때 당신이 젤 기뻐해줘서 감사했어요.", "지난번에 맡겼던 일을 성실하게 해주어서 감사했어요.", "그때의 실수를 용서해 줘서 감사했어요." 부족민들이 과거에 감사했던 것을 이야기하면 이 죄인은 자신의 모습을 다시 돌아보게 된다. 그리고 새사람이 되기를 결단한다. 바벰바 부족은 문제 해결의 방법이 감사에 있다는 것을 알았다. 감사는 하나님께서 주신 능력이다. 은혜다. 황성주 박사는 《절대감사》에서 감사의 능력을 이렇게 말한다.

"감사는 우리의 인생을 결정한다. 감사를 실천하면 하나님을 보는 눈, 남을 보는 눈, 이웃을 보는 눈이 달라지고 모든 환경이 변하여 아름다운 신세계가 열린다. 감사는 모든 관계의 거룩함을 회복하는 화해 코드이고, 모든 과거를 매듭짓고 치유하고 재창조하는 도구이다. 감사는 현재의 짜증과 분노와 집착의 삶을 변화시키는 수단이며, 미래의 불확실성과 염려와 두려움을 확신과 담대함으로 바꾸는 전환 장치이다. 감사는 나 자신은 물론이고 다른 사람까지 행복하게 만들어주는 행복 바이러스이고, 절대로 불가능하다고 생각되는 일을 절대로 가능한 일로 바꾸는 능력 코드이다. 감사는 하나님께 입술로 드려지는 최고의 예술이고 최상의 예배이다."

감사의 능력을 아는 사람은 감사하며 산다. 바울은 감사의 능력을 경험한 사람이다. 그래서 에베소 성도들에게 "범사에 우리 주 예수 그리스도의 이름으로 항상 아버지 하나님께 감사하며"(엡5:20)라고 말한다. 감사는 일회적으로 끝나면 안 된다. 매일 감사하고 평생을 감사해야 한다. 감사인생이 돼야 한다. 마이스터 에카르트는(Meister Eckhart) 이렇게 말했다.

> "우리가 평생 '감사합니다' 라는 기도만 해도 그것으로 충분하다."

기도뿐만이 아니라 인생에 모든 것을 감사로 마침표로 찍을 때 우리는 행복한 인생을 살 수 있다. 이 책이 '불평인생'을 '감사인생'으로 안내하는 안내서가 되었으면 좋겠다. 감사조건이 있어서 감사하는 사람을 항상 감사하는 사람으로 만드는 생장점이 되었으면 좋겠다. 감사하는 세상을 만드는 데 작은 불씨가 되었으면 좋겠다.

## 추천사

　김도인, 이재영 목사님의 공저 『감사인생』 책이 나왔다. 나는 이 책을 3부류의 사람들에게 추천하고 싶다.
　첫째, 목회자들에게 추천한다. 수많은 목회자는 추수 감사 주일이 되면 어떤 설교를 할지 고민을 한다. 이제는 그런 고민을 할 필요가 없다. 감사 종합 백화점 책이 나왔다. 매년 한두 챕터를 가지고 설교에 녹아 내어도 풍성한 은혜를 나눌 수 있을 것이다.
　둘째, 하나님의 사람들에게 추천한다. 수많은 믿는 자들은 매일 매일 감사를 망각하며 사는 은사를 받았다. 지금 이 책을 읽을 수 있는 것도 감사하고, 호흡하는 자체도 감사해야 할 인생이다. 그러나 사탄의 계략에 넘어가 선악과를 따 먹은 아담과 하와의 후손인 우리는 감사를 잊고, 잃어버리고 산다. 그런 하나님의 백성에게 이 책은 다시 누구를 바라보고, 오늘 하루를 어떻게 살아가야 할지 니침판과 같을 것이다.
　셋째, 중독과 우울에 빠진 사람들에게 추천한다. 수많은 다음 세대들과 심지어 기성세대들도 온갖 중독(술, 도박, 성, 마약, 스마트 폰, 일, 등)과 우울(낙담, 무기력, 좌절)에 빠져 산다. 이런 사람들에게 없는 것이 있다. 바로 감사의 마음이다. 더 많이 갖고 싶고, 더 편하고 싶고, 그렇게 자신이 원하는 삶을 산다. 그러다가 고립된다. 하나님과 고립되고, 주위 사람들과 고립되고, 마침내 자기 자신과 고립된다. 이런 고립의 덫을 어떻게 깰 수 있을까? 바로, 감사의 열쇠이다.

이 책은 이런 중독과 우울에 빠진 자, 감사를 잊어버린 사람들, 감사를 전해야 하는데 그 의미를 더 효과적으로 장착해야 할 목회자와 리더들에게 필수적이다. 부디 일독하고, 감사를 회복하는 복된 자가 되기를 바란다.

**김영한 목사**(Next 세대 Ministry 대표 및 품는 교회 담임)

---

헤밍웨이는 『노인과 바다』에서 이런 말을 한다.
"바다는 비에 젖지 않는다."
왜 그럴까? 비에 젖지 않는 것은 비를 전부 흡수하기 때문이다. 우리가 세상에서 고개를 들고 살아가는 것은 무엇 때문일까? 감사로 물들었기 때문이다.

감사는 자신에게 부딪혀오는 세상의 모든 것을 흡수한다. 어떤 상황이든, 무엇이든 흡수하므로 감사로 마무리하게 만든다.

그리스도인은 감사를 모토로 삼은 사람이다. 감사가 모토인 사람은 과연 어떤 사람일까? 절망으로 세상이 깜깜하여도 그 가운데서 빛을 내는 사람이다. 안 될 것이라고 모두가 고개 떨구어도, 된다고 앞을 바라보게 하는 사람이다. 포기를 선택한 사람들이 속출해도, 홀로 나아가는 사람이다. 이렇게 행동하는 것은 감사의 능력이 무한함을 알기 때문이다.

저자인 두 목사님은 어려움 가운데서도 늘 감사로 인생을 살아왔다. 그 결과 감사가 늘 몸에 배어 있고 입에 담겨 있다.

이 글은 두 목사님의 신앙고백이다. 그래서 무엇보다 따뜻하고 희망차다. 독자들이 이 책을 읽는다면 저절로 감사하는 인생으로 살아갈 것이라 확신한다.

**라인식 목사**(새빛교회 담임,『누구와 함께 하시렵니까?』의 저자)

---

사막 위의 발자국은 금방 사라진다. 레미콘 위의 발자국은 흔적이 조금 남는다. 이 책,『감사인생』은 감사할 일들이 모래처럼 많은데 사라지는 감사 발자국을 레미콘으로 옮겨 놓았기에 값지다.

천둥과 번개는 듀엣(duet)이다. 순간적으로 크게 다가오지만, 한순간 사라지고 만다. 감사에 대한 나의 태도가 천둥과 번개와 같았다. 이 책은 천둥번개 뒤에 소낙비처럼 온몸을 감사로 흠뻑 젖게 한다. 불평우산을 쓸 필요가 없어진다. 두 분 목사님은 신호등과 같다. 신호등은 색깔이 다르지만 늘 우리 곁에 있다. 두 목사님은 사람은 다르지만, 서로를 감시하며 감사를 만들어 간다.

'감시'와 '감사'는 점(dot)하나 차이다. 이 책은 '감시인생'에서 '감사인생'으로 마음과 입과 지갑에 아름다운 점(dot)을 찍게 만든다. 마우스에 점(dot)하나 찍으면 책 한 권으로 감사의 마음을 전할 수 있기에 이 책을 기쁨으로 추천한다.

**석근대 목사**(동서교회 담임)

이 책, 『감사인생』은 우리 삶을 풍성하게 그리고 부요케 하는 비밀의 문을 열어주는 느낌을 강하게 준다. 1일 감사, 1달 감사, 1년 감사, 평생감사는 우리가 어떻게 감사를 통해서 하나님의 선하심을 맛보아 알 수 있을지 구체적으로 깨닫게 해준다.

우리는 불안과 두려움의 시대를 살아가고 있다. 특히 코로나19의 위기는 미래의 불안을 가중시키고 있다. 불안을 해소해주는 특효약이 있는데 바로 감사다. 우리는 감사를 하면 할수록 두려움의 구름이 걷히고 불안의 안개가 사라지게 만들어 줌을 안다.

나의 힘들었던 시간, 고민에 갇혀서 살았던 시간의 깊은 웅덩이를 빠져나오게 했던 것은 감사였음을 기억한다. 작고 사소한 것에도 감사할 줄 알고 감사를 구체적으로 표현하면서 어둠의 터널을 빠져나오는 은혜도 경험했다. 이런 경험을 했던 나는 『감사인생』의 책이 독자들에게 큰 유익이 될 것으로 믿는다.

이 책을 통해 날마다, 하는 일마다 감사하는 이들의 삶에 하나님의 은혜가 더욱 부어질 것이다. 독자들이 이 책을 통해 감사의 비밀을 함께 깨닫고 또한 감사로 미래를 활짝 열어 가시기를 바라는 마음을 담아 기쁘게 추천한다.

이상갑 목사 **(산본교회 담임목사, 청년사역연구소 대표)**

# 01
## 하루에 대한 감사

# 생명주심을 감사하라

**세상에서 가장 귀한 것은 내가 살아 있는 것이다**

　세상에서 가장 비싼 보석은 다이아몬드다. 다이아몬드 중에서도 레드 다이아몬드다. 레드 다이아몬드는 1캐럿당 가격이 무려 100만 달러에 달한다. 지금까지 세계에서 발견된 레드 다이아몬드는 30개도 채 되지 않으며, 대부분 0.5캐럿 미만이라고 한다. 레드 다이아몬드를 소유한 사람은 세상에서 가장 귀한 것을 소유했다고 생각할 것이다. 과연 세상에서 가장 귀한 것이 레드 다이아몬드일까?

　나태주 시인이 아이들을 위해 쓴 《세상에서 가장 귀한 것》에 이런 내용이 나온다.

"세상에서 가장 귀한 것은 뭘까? 장난감, 컴퓨터, 자동차, 휴대전화, 책, 엄마가 자랑하는 보석… 글쎄, 그런 것들 말고 더 귀한 것이 있어. 그건 바로 살아 있는 거야."

세상에서 가장 귀한 것은 어떤 물건이 아니다. 이 세상에 존재하는 것이 아니다. 내가 살아 있는 것이다. 예수님께서도 말씀하셨다.

"사람이 만일 온 천하를 얻고도 제 목숨을 잃으면 무엇이 유익하리요 사람이 무엇을 주고 제 목숨과 바꾸겠느냐"(마 16:24)

이 세상에 생명보다 더 귀한 것은 없다. 죽은 사람에게 레드 다이아몬드가 무슨 필요가 있는가? 최고급 승용차가 무슨 소용이 있는가? 최고급 아파트가 무슨 소용이 있겠는가?

### 어리석은 부자

누가복음 12장에 보면 어리석은 부자에 대한 비유가 나온다. 한 부자가 그해 농사를 지었는데 풍작이 되었다. 얼마나 풍작이 되었는지

기존에 있는 곳간으로는 부족하여 쌓을 곳이 없었다. 부자는 이 많은 곡식을 보고, 행복해하며 이렇게 마음을 먹었다. "그래 내가 기존에 있는 곳간을 헐고 더 크게 곳간을 짓고 이 곡식을 쌓아두어야겠다. 이 정도 곡식이면 여러 해 동안은 그냥 쉬고 놀아도 될테니 내가 마음껏 즐기면서 살리라" 이런 생각을 하는 이 부자에게 하나님께서 찾아오셔서 말씀하신다.

> "어리석은 자여 오늘 밤에 네 영혼을 도로 찾으리니 그러면 네 준비한 것이 누구의 것이 되겠느냐?"(눅12:20)

부자는 당연히 내일이 올 줄 알았다. 생명이 계속해서 연장될 줄 알았다. 더 큰 곳간을 짓고 마음껏 즐기며 살 수 있을 줄 알았다. 하지만 하나님께서 오늘 밤에 목숨을 거두어 가신다고 하신다. 하나님이 부자의 생명을 거두어 가시면 더 큰 곳간은 부자의 것이 아니다. 많은 곡식도 부자의 것이 아니다. 사람들은 이 땅에서 천년만년 살 것처럼 살아간다. 내가 가지고 있는 모든 것을 누리며 살 것이라고 생각한다. 이것은 착각이다. 하나님이 오늘 내 생명을 거두어 가시면 '예'하고 가야 한다. 더 살고 싶다고 살 수 있는 것이 아니다.

### 생명주심은 하나님의 은혜다

많은 사람이 생명이 가장 귀하다는 것을 머리로만 인정하고 정작 삶 속에서는 인정하지 않는다. 이것을 인정하고 살아가는 사람은 아침에 눈을 뜨는 순간 가장 먼저 감사해야 한다. 오늘 하루를 시작할 수 있는 생명을 주신 하나님께 감사해야 한다. 오늘 나에게 생명이 주어졌다는 것은 당연한 것이 아니다. 하나님의 은혜다. "네가 헛되이 보낸 오늘은 어제 죽은 이가 그토록 그리던 내일이다"라는 말이 있다. '오늘'이 거저 나에게 온 것이 아니다. 생명이 거저 주어진 것이 아니다. 어제 죽은 이들은 내가 숨 쉬고 있는 오늘을 그토록 살기를 원했다.

우리나라 하루 평균 사망자 수는 700여 명 정도 된다. 세계적으로 보면 하루 150,000명 가까이 된다. 이 사람들의 사망원인은 다양하다. 교통사고나 질병으로 죽거나, 굶주림으로 수명이 다해서 죽은 사람도 있다. 스스로 죽음을 선택한 사람도 있다. 한 가지 분명한 공통점은 이들 모두가 내일을 선물로 받지 못했다는 것이다. 오늘을 살아갈 수 있는 생명이 주어지지 않았다는 것이다. 어제 죽은 사람들의 '내일'은 바로 우리가 살아가고 있는 '오늘'이다. 누군가 어제 하루라도 더 살기를 원했던 내일이 바로 우리가 살아가고 있는 오늘이다.

### 세상에서 가장 슬픈 문자

《세상에서 가장 슬픈 문자》라는 제목으로 인터넷에 올라온 다음과 같은 글이 있다.

오늘은 한 달 중 제일 기다려지는 용돈 받는 날. 그러나 오늘이 더욱더 기다려진 까닭은 수학여행 준비로 용돈을 좀 더 넉넉히 주시지 않을까 하는 기대 때문이었다.
하지만 나의 예상을 비웃기라도 하듯 내 손에 쥐어진 돈은 평소와 다를 바 없는 3만원.
참고서 사랴, 학용품 사랴. 정말 3만원 가지고 무얼 하라는 건지. 그리고 또 모레가 수학여행인데. 나는 용돈을 적게 주는 엄마에게 화풀이를 하고 집을 나섰다.
수학여행인데… 평소에 쓰던 가방 가져가기도 민망하고… 신발도 새로 사고 싶었는데… 내 기대는 산산조각이 나버렸다. 기대했던 내가 바보였다. 생각할수록 화가 났다.
교실에 도착했다. 내 속을 긁기라도 하듯 내 짝꿍이 용돈 넉넉히 받았다며 친구들에게 자랑을 하고 있었다.
"나 오늘 수학여행때 가져갈거 사러 가는데 같이 안갈래?"
한창 신나게 아이쇼핑을 즐기고 있을 때 마침 엄마에게서 전화가 왔다.

나는 괜히 화가 나서 전화를 받지 않았다. 한 30분 후 다시 벨이 울렸다.

엄마였다… 나는 핸드폰을 꺼버리고 밧데리까지 빼버렸다. 그리고 신나게 돌아다녔다. 집으로 돌아오는데 아침에 있었던 일이 떠올랐다.

괜히 화를 낸 것 같다. 생각해 보면 신발도 그렇게 낡은 것은 아니었고 가방은 옆집 언니에게서 빌릴 수도 있었던 것이었다.

'집에 도착하면 제일 먼저 엄마에게 미안하다는 말부터 해야지…'

집에 도착했다. 벨을 누르니 아무도 나오지 않았다.

'아참! 엄마가 오늘 일 나가는 날이었지.'

집으로 들어가자마자 습관대로 텔레비전을 켰다. 드라마가 나와야 할 시간에 뉴스가 나왔다.

뉴스 속보였다. 이게 웬일인가. 내가 자주 타는 대구 지하철에 불이 난 것이다.

어떤 남자가 지하철에 불을 냈다. 순식간에 불이 붙어 많은 사람들이 불타 죽었다는 내용의 기사가 나오고 있었다.

집에 도착했을 때부터 꽤 오랜 시간이 지났는데도 엄마는 아직 집에 도착하지 않았고 텔레비전에서는 지하철 참사에 대한 이야기가 계속해서 이어졌다.

갑자기 불안한 마음이 엄습해 왔다. 엄마에게 전화를 걸었다. 통화 연결음만 이어지고 있었다.

몇 번을 다시 걸어봐도 마찬가지였다. 불안한 마음으로 수화기를 내리고, 꺼버렸던 핸드폰을 다시 켰다. 문자 다섯 통이 와있었다. 엄마가 보낸 문자도 두통이나 있었다.

엄마가 보낸 첫 번째 문자를 열었다.

"용돈 넉넉히 못 줘서 미안해. 쇼핑센터 들렀다가 집으로 가는 중이야. 신발하고 가방 샀어."

나는 첫 번째 문자를 들여다보며 눈물을 흘렸다. 다시 정신을 차리고 두려운 마음으로 두 번째 문자를 열었다.

"미안하다. 가방이랑 신발 못 전하겠어. 돈까스도 해주려고 했는데… 미안… 내 딸아… 사랑한다…"

이 글은 실제로 대구 지하철 참사 사건이 있을 때 일어난 실화를 기록한 것이라고 한다. 딸은 엄마가 언제나 자기 곁에 있을 줄 알았다. 투정 부리고 화를 내도, 늘 자신의 엄마로 자리를 지켜줄 것이라고 생각했다.

### 생명의 주관자는 하나님이다

사람의 생명은 사람의 손에 달려 있지 않다. 겉으로 보기에는 사람이 사람을 죽이는 것 같아도 그렇지 않다. 생명은 하나님의 손에 달려 있다. 생명을 주신 이도 하나님이시고 생명을 거두어 가시는 이도 하나님이시다. 고난의 대명사인 욥은 이 사실을 알고 있었기에 이런 고백을 드렸다.

> "이르되 내가 모태에서 알몸으로 나왔사온즉 또한 알몸이 그리로 돌아가올지라 주신 이도 여호와시요 거두신 이도 여호와시오니 여호와의 이름이 찬송을 받으실지니이다 하고"(욥1:21)

생명의 주관자가 하나님이시기에 오늘을 맞이하기 위해서 눈을 떴을 때 우리가 가장 먼저 해야 할 것은 생명주심에 대한 감사다. 나는 새벽 4:20분이면 일어난다. 알람 소리와 함께 눈을 뜨면서 가장 먼저 기도한다. "아버지 하나님 생명 주셔서, 이 새벽에 눈을 뜨게 하심을 감사합니다. 하루를 시작하게 하심을 감사합니다."

초대교회의 교부이며 '황금의 입'이라고 불렸던 크리소스톰(John

Chrysostom)은 "사람에게는 근본적인 죄가 하나 있는데 그것은 감사하지 않는 죄"라고 했다. 다른 말로 하면 하루를 시작하면서 생명주심에 대해 하나님께 감사하지 않는 것은 죄를 짓는 것이다. 아침에 눈을 뜨면서 먼저 생명 주신 하나님께 감사하라. 복된 하루를 감사로 시작하라.

# 평범한 하루를 감사하라

**행복은 일상 속에 있다**

철학자 아리스토텔레스(Aristoteles)는 "인생의 목적은 행복이다"라고 말했다. 사람들은 행복하기 위해서 돈을 번다. 돈을 잘 벌기 위해 열심히 일하고 공부한다. 이렇게 노력하는데도 막상 행복이라는 파랑새는 손에 잘 잡히지 않는다. 왜 행복하지 못한 걸까? 행복의 기준이 잘못되었기 때문이다.

사람들은 행복이 아주 특별한 경험으로부터 비롯될 것이라고 믿고 있다. 물론 일상에서 벗어나 해외여행을 떠나거나 생각지도 못했던 로또나 경품에 당첨되면 행복하다. 몇 년을 준비해서 원했던 시험에 합격하면 행복하다. 하지만 이러한 특별한 경험에서만 행복을 느끼는 것은 아니다. 유명한 영화배우와 함께 커피를 마시는 특별한 경험과 친한 친구들과 자주 가던 커피숍에서 차를 마시는 것 중에 어떤 것이 사람을 더 행복하게 만들까? 보통 유명배우와 커피 마시는 것이 더 행복할 것 같지만 심리학자들은 오히려 친한 친구들과 어울리는 것이 더 행복하다고 말한다. 평소 꿈꿨던 스타와의 만남도 행복을 주겠지만 이러한 특별한 상황에서 오는 행복은 금세 사라지기 마련이기 때문이다. 심리학자들은 세계 일주와 같은 매우 특별한 경험에서 얻는 행복의 크기와 도서관에서 좋아하는 책을 읽으며 하루를 보내는 소소한 행복의 크기는 별반 다르지 않다고 이야기한다. 중요한 것은 그 경험을 누구와 함께하느냐, 그리고 다른 사람들과 함께 충분히 나눌 수 있는가에 있다는 것이다. 곧 특별한 행복만큼이나 평범한 행복도 중요하다는 의미이다. 안젤름 그륀(Anselm Grun) 신부가 쓴 《하루를 살아도 행복하게》라는 책에 이런 글귀가 있다.

"행복으로 가는 길은 지름길이 없으며, 행복은 우리의 평범한 일상 속에 통과한다."

**소확행은 감사하는 마음에서 비롯된다**

우리에게 이제 '소확행'이라는 말은 익숙해졌다. 소확행은 일본의 소설가 무라카미 하루키가 1990년대에 발간된 수필집 《랑겔한스섬의 오후》에서 처음 소개한 신조어이다. 이후로도 그의 여러 수필에 종종 등장했다. 소확행이란 '소소하지만 확실한 행복'을 의미하는 말이다. 별볼일 없지만 누구나 경험할 수 있는 일상 속에서 느껴지는 작은 행복감을 말한다. 한 대학생이 자신의 소확행을 이렇게 묘사를 했다.

> "혼자 살기에 부모님이 차려주는 근사한 밥상을 받기는 어렵다. 편의점에 가서 도시락을 하나 사고, 국 대신 작은 컵라면을, 부족한 영양소를 보충하기 위해 편의점 샐러드와 어묵꼬치를 추가한다. 나만의 작은 트레이 위에 이 모든 것을 차려놓으면 그럴듯한 한 끼 식사가 완성된다. 이것이 나의 '소확행'이다."

남들이 보면 편의점 도시락과 컵라면과 샐러드와 어묵꼬치의 한 끼 식사가 뭐 그렇게 행복해 보이겠는가? 하지만 이 대학생은 이것이 작지만 확실한 행복이다. 소확행은 다른 사람과 비교해서 가지는 행복이 아니다. 다른 사람과 비교하지 않고 나에게 주어진 사소한 일상을 소중하게 여기는 마음이다. 이렇게 '소확행'을 누리기 위해서 필요한 것은 무엇일까? 감사하는 마음이다. 편의점 도시락과 컵라면 하나를 놓고서도 감사할 수 있을 때 행복을 누리게 된다.

### 평범한 하루를 사는 것이 기적이다

평범한 하루를 살고 있고, 살았다는 것은 감사할 일이다. 나의 하루의 삶이 특별한 일이 일어나지 않고 무사히 보냈다면 감사해야 한다. 뉴스를 보면 대부분이 사건 사고에 관한 이야기다. 사람이 다치고 죽는 일이 매일 같이 일어나고 있다. 이런 상황 속에서 내가 평범한 하루를 보냈다는 것은 기적이다. 사람들은 사고를 당하게 되면 흔히 이런 말을 한다. "나에게 이런 일이 닥칠 것이라고는 생각하지 못했다"

2017년 10월 1일에 미국 역사상 최악의 인명 피해를 가져온 라스베이거스 총기 난사 사건이 있었다. 무려 59명이 죽고 530명이 다쳤다. 사건의 범인은 64세 스티브 패덕이라는 사람이다. 이 사람은 테러리스트도 아니고 그런 조직과 관련이 있는 것도 아니었다. 정신병을 앓은 적도 없다. 그는 전형적인 부유한 백인 공인회계사였다. 그와 함께 있었던 사람들은 이 사람에게 총격을 당할 것이라고 아무도 생각하지 않았다. 만일 알았다면 누가 그 자리에 있겠는가?

  2020년 1월 8일 오전 6시 12분 테헤란에서 출발해 우크라이나 키예프로 향하던 여객기는 이륙 3분 뒤 추락해 탑승자 176명이 모두 숨졌다. 이란 군 당국은 1월 11일 오전 성명을 통해 "우크라이나 여객기 격추는 사람의 실수로 생긴 것"이며 "추락 당시 해당 여객기는 이란혁명수비대(IRGC) 군사기지 인근 상공을 비행 중이었다"고 이란 국영 TV를 인용해 AP·로이터통신이 보도했다. 여객기에 몸을 실은 사람들이 이 여객기가 폭발할 줄 알았겠는가? 늘 안전하게 비행하던 비행기였기에 편안한 마음으로 탔을 것이다. 당연히 무사히 도착할 것이라고 여겼지만 끔찍한 일을 당했다. 하루의 삶 가운데 나에게 특별한 사고와 사건이 일어나지 않았다면 당연히 감사해야 한다.

  1997년 장 도미니크 보비(Jean-Dominique Bauby)가 쓴 《잠수복과 나비》라는 책이 한국에 출판되었다. 2007년도에는 《잠수종과 나비》라는 제목으로 영화도 나왔다. 보비는 1952년 파리에서 출생했고 '일간 파리'에서 첫 기자 생활을 시작했다. 1991년에는 유명한 잡지사인 '엘르(Elle)'의 편집장이 되었다. 잘나가던 그는 1995년 12월 8일 금요일 오후 갑자기 뇌졸중으로 쓰러진다. 3주 후 의식은 회복했지만, 그가 움직일 수 있는 것은 오직 왼쪽 눈꺼풀뿐이었다. 그로부터 그는 15개월을 살았다.

보비는 여성 편집자인 클로드 망디빌이 알파벳을 불러 해당 알파벳이 나오면 눈을 깜빡거리는 방법으로 글을 쓰기 시작했다. 하루에 반쪽 분량씩, 총 15개월 동안 20만 번 이상 눈을 깜빡거림으로 완성한 책이 바로 《잠수복과 나비》이다. 책이 출간된 지 8일 만에 그는 자신이 말한 대로 나비가 되어 날아간다. 잠수복을 입은 것처럼 무겁고 답답했던 그가 나비가 되어 훨훨 세상을 떠나기까지 정성스레 써나간 눈 깜박거림으로 쓴 이 책은 독자에게 삶의 소중함을 일깨워준다. 이 책에 보면 이런 글이 있다.

"지금 현재로서는 끊임없이 입속에 과다하게 고이다 못해 입 밖으로 흘러내리는 침을 정상적으로 삼킬 수만 있다면 세상에서 가장 행복한 사람이 된 기분일 것 같다. 슬픔이 파도처럼 몰려온다. 내 아들 테오필 녀석은 50cm밖에 안 되는 거리를 두고 얌전히 앉아 있는데, 나는 그 아이의 머리털 한 번 쓸어 줄 수도, 고운 솜털로 뒤덮인 아이의 목덜미를 만져볼 수도, 또 부드럽고 따뜻한 아이의 작은 몸을 으스러지도록 안아 줄 수도 없다. 이런 기분을 무어라고 표현해야 할까? 극악무도한? 불공평한? 더러운? 끔찍한? 순간적으로 나는 그만 감정을 제어하지 못한다. 눈물이 펑펑 쏟아져 내리고, 목에서는 그르렁거리는 경련이 터져 나와 테오필을 놀라게 한다."

침을 마음대로 삼킬 수 있는 평범함을 누리고 있다면 감사해야 한다. 나의 자녀의 머리를 쓰다듬어 줄 수 있고 안아줄 수 있는 평범함을 누리고 있다면 감사해야 한다.

### 민식이의 행복론

장영희 교수가 쓴 《살아온 기적, 살아갈 기적》에 보면 '민식이의 행복론'이라는 글이 나온다. 장영희 교수는 학생들에게 영어로 작문하는 것을 가르칠 때 '행복이란 무엇인가'에 대해서 영어로 글을 써오라고 했다. 이 주제와 관련해서 '잊지 못할 사람' 또는 '잊지 못할 그날'에 대해 쓰라고 숙제를 냈다. 김민식이라는 학생이 이 주제에 대해 쓴 '내가 행복의 교훈을 배운 잊지 못할 그날'이라는 글이다.

"사람들이 내게 언제 행복을 느끼느냐고 물으면 나는 '화장실에 갈 때, 음식을 먹을 때, 걸어 다닐 때'라고 답한다. 유치하기 짝이 없고 동물적인 답변 아니냐고 반문들을 하지만, 내게는 그럴 만한 이유가 있다. 내게 '잊지 못할 그날'은 3년 전 11월 4일 고등학교 3학년 때이다. 수능시험보기 바로 이틀 전이었다. 방과 후에 교실에서 친구들과 공부를 하고 있는데 수위 아저씨가 뛰어 들어오면서 외치셨다. '너희반 친구 둘이 학교 앞에서 트럭에 치여서 병원에 실려 갔다' 우리는 곧장 병원으로 달려갔다. 명수와 병호는 온몸이 피투성이가 된 채 응급실에 누워 있었다. 머리를 크게 다친 병호는 숨을 쉬는 것조차 힘겨워했다. 생명이 위태롭다고 했다. 병호는 곧 수술실로 옮겨졌고, 친구들과 나는 거의 기절 상태이신 병호 어머니와 함께 수술이 잘되기를 바라며 기다리는 수밖에 없었다. 나는 그때 처음으로 온 마음을 다하여 빌었다. '정말 하나님이 계시다면 병호를 꼭 살려주세요. 제가 수능시험을 아주 못 봐서 대학에 떨어져도 좋으니 내 친구 병호를 살려 주세요' 당시 그것은 내가 친구를 위해 해줄 수 있는 최대한의 희생이었다. 얼마간의 시간이 흘렀을까. 드디어 의사선생님이 나오셨다. 아무 말도 안하셨지만, 표정이 병호의 죽음을 알렸다. 순간 정적이 흘렀다. 바로 그때, 응급실 침대에 누워 있던 명수가 깨어나서 큰소리로 말했다. '엄마, 나 화장실 가고 싶어! 오줌 마렵다고!' 나는 친구의 삶과 죽음을 동시에 보고 있었다. 한 사람은 이제 이 세상에서 숨을 멈추었고 또 한 사람은 살아서 화장실을 가고 싶어 하고 있었다. 나는 생각했다. '명수야, 축하한다. 깨어나서 화장실에 가고 싶다고 말할 수 있다는 것은 너무나 큰 축복이고 행복이다' 그렇게 나는 친구를 보냈다. 그리고 그날 이후 행복이란 특별한 것이 아니라 그저 이 세상에서 숨 쉬고, 배고플 때, 밥을 먹을 수 있고, 화장실에 갈 수 있고, 내 발로 학교에 다닐 수 있고, 내 눈으로 하늘을 쳐다볼 수 있고, 작지만 예쁜 교정을 보고, 그냥 이렇게 살아 있는 것이 행복하다고 굳게 믿는다. 그러니까 가끔씩 맛있는 음식을 먹고, 여자 친구와 데이트하고, 친구들과 운동하고, 조카들과 놀고, 그런 행복들은 순전히 보너스인데, 내 삶은 그런 보너스 행복으로 가득 차 있다."

평범한 하루의 일상을 보낼 수 있다는 것은 하나님의 은혜다. 평범함에서 더해주시는 것은 더 큰 하나님의 은혜다. 평범함은 하나님의 은혜를 넘어 누군가에게는 소원이며 꿈이다. 기적이다. 앞을 보지 못하는 사람에게 앞을 보는 것은 소원이다. 걷지 못하는 사람에게 걸을 수 있다는 것은 꿈이다. 산소 호흡기를 꽂고 있는 환자에게 마음껏 숨

쉴 수 있다는 것은 기적이다. 평범한 하루를 보냈다고 지루하다고 생각하는가? 이제는 지루함에 대해 불평하는 것이 아니라 평범함이 하나님의 은혜이요 기적임에 감사해야 한다.

# 새벽에 기도할 수 있음을 감사하라

**새벽은 하루 첫 시작이다**

하나님께서 하나님의 자녀에게 주신 가장 큰 특권은 기도이다. 예수님께서는 제자들에게 이렇게 말씀하셨다.

"내 이름으로 무엇이든지 내게 구하면 내가 행하리라"(요 14:14)

예수님께서는 자신의 이름으로 무엇이든지 구한 것은 응답해 주시겠다고 말씀하셨다. 특권을 주셨음에도 불구하고 그것을 누리지 못한다면 어리석은 사람이다. 기도는 하나님의 보좌를 움직인다. 세계를 움직인다. 기도시간은 사람마다 다를 수 있지만, 새벽을 깨우면서 기도하는 사람은 하나님의 은혜가 없이는 불가능하다. 새벽은 하루의 첫 시작이다. 첫 것은 하나님의 것이다. 어두운 밤이 지나고 해가 뜨기 전, 새벽은 하나님께 드릴 수 있는 첫 것이다. 하루의 첫 시간을 하나님 앞에서 기도로 시작할 수 있음은 너무나 감사한 일이다.

새벽기도는 누구나 나올 수 있지만 아무나 나올 수 있는 자리가 아니다. 모든 것이 다 허락되어야 나올 수 있는 자리이다. 믿음이 있다고, 시간이 남는다고 나올 수 있는 자리가 아니다. 건강하다고 나올 수 있지도 않다. 믿음, 시간, 건강이 다 있어야 나올 수 있다. 또한, 환경도 허락해야 한다. 모든 것이 허락되지 않으면 새벽기도의 자리에 나올 수 없다. 새벽기도에 나올 수 있다는 자체가 하나님의 은혜이다.

나는 고등학교 1학년 때부터 새벽기도를 시작했다. 고등학교 3학년 때도 새벽기도를 빠진 적이 거의 없었다. 돌아보면 새벽기도를 통해 하나님께서 베풀어주신 은혜가 너무나 크다. 새벽기도의 자리에 있었기에 하나님께서 나에게 주의 종의 사명을 주셨다. 지금도 새벽기도의 은혜는 계속되고 있다.

### 새벽은 능력이 나타나는 시간이다

새벽은 하나님께서 일하시는 시간이다. 하나님의 능력이 나타나는 시간이다. 아브라함이 소돔과 고모라에 임하는 심판의 불 속에서 롯의 구원을 위한 중보 기도를 했던 때가 이른 새벽이었다.(창19:27) 야곱이 얍복 강가에서 천사와 씨름하며 '이스라엘'이라는 이름을 받은 시간도 새벽이었다.(창32:22) 홍해가 가로막혀 있을 때 하나님께서 동풍을 통해서 홍해를 가르신 시간도 새벽이었다.(출14:21) 여호수아는 이스라엘 백성들과 여리고성을 무너뜨리기 위해 새벽에 일어났다.(수6:15) 시편기자도 이렇게 노래한다.

"하나님이 그 성 중에 계시매 성이 흔들리지 아니할 것이라
새벽에 하나님이 도우시리로다"(시46:5)

새벽에 하나님이 도우신다. 새벽에 하나님이 강하게 일하신다. 세계적인 전도자였던 빌리 그래함(Billy Graham) 목사는 "캐나다의 아침은 숲속의 새들이 잠을 깨우고, 일본의 아침은 공장의 엔진소리와 임무 교대의 사이렌 소리가 잠을 깨우고, 한국의 아침은 교회에서 부르는 새벽의 찬송 소리와 기도 소리가 잠을 깨운다."라고 했다. 세계 교회들

가운데 새벽기도가 있는 교회는 한국교회밖에 없다. 물론 한국 선교사가 파송된 곳에는 새벽기도를 하는 교회도 있다. 한국교회가 부흥할 수 있었던 가장 큰 동력은 새벽기도다. 빌리 그래함(Billy Graham) 목사는 그것을 본 것이다.

### 새벽기도는 주님이 시작하셨다

새벽기도가 힘들다고 하는 사람들 중에는 '새벽기도를 누가 만들어서 이렇게 힘들게 하느냐'라고 말하는 사람들이 있다. 새벽기도는 사람이 아니라 주님께서 먼저 시작하셨다.

> "새벽 아직도 밝기 전에 예수께서 일어나 나가 한적한 곳으로 가사 거기서 기도하시더니"(막1:35)

예수님은 피곤한 육신을 이끄시고 이른 새벽에 산책하러 한적한 곳으로 간 것이 아니다. 기도하러 가셨다. 예수님은 하루의 삶을 시작하시기 전에, 다른 사람들을 만나기 전에, 사역을 하시기 전에 하나님과 가장 먼저 새벽에 만나셨다. 누구도 방해하지 않는 새벽 시간에 깊은 대화를 나누셨다. 하나님께로부터 힘을 공급받으셨다. 예수님은 하나님께서 공급해 주시는 힘을 통해서 공생애 사역을 넉넉히 감당하셨다.

### 정찬근 장로님 이야기

새벽에 하나님은 도와주신다. 하루를 살 수 있는 힘을 제공해 주신다. 하나님께서 맡겨주신 사역을 감당할 수 있는 힘을 주신다. 경북 안동교회의 정찬근 원로장로님이 계신다. 정 장로님은 안동에서 이비인후과 원장을 하시면서 700여 명의 한센병 환자들이 사는 안동성좌원이라는 재활원에서 한센병 환자들과 33년을 함께 하셨다. 장로님은 매일 새벽 4시가 되면 한센병 환자의 교회인 안동성좌교회에서 그들과 함께 새벽기도를 드렸다. 그리고 다시 본 교회인 안동교회에 와서 한 번 더 새벽기도를 드렸다. 매일 두 번의 새벽기도를 드렸다. 일주일에 하루는 무료로 환자를 진료했고 그들에게 사랑을 나누었다. 은퇴하면서 자신의 재산을 정리하여 장애인 재활시설을 만드는데 기꺼이 내어놓으셨다.

2010년 12월 22일 성탄절을 며칠 앞두고 안동 금은방 협회장의 집에 4인조 무장 강도가 들었다. 부인과 딸을 묶어놓고 강도질을 하던 중에 협회장이 집으로 돌아왔다. 상황을 파악한 협회장은 자신이 숨겨놓은 돈과 은금 패물을 강도들에게 주면서 제발 부인과 딸을 무사하게 해달라고 부탁했다. 강도들은 혹시나 더 숨겨 놓은 것이 있을까 싶어 온 집안을 뒤졌다. 그러던 중 한 강도가 진열장 안에 매우 낡은 감사패를 보게 되었다. 이 감사패는 정창근 장로님이 하는 재활원에서, 영구 후원자가 되겠다는 협회장에게 감사의 뜻으로 전달한 것이다. 강도는 그 감사패를 보고 깜짝 놀라서 이렇게 말했다. "당신, 정창근 장로님을 아느냐?",

"예, 압니다.", "이것이 뭐냐?", "예, 그것은 제가 그분이 하는 사역에 평생 후원자가 되기로 해서 받은 것입니다." 이 이야기를 들은 강도는 충격을 받고 이 집에서 빨리 나가자고 나머지 강도들을 설득했다. 설득하기 어려웠지만 결국 다른 강도들을 설득해서 데리고 나가면서 협회장에게 이렇게 이야기를 했다. "당신이 정창근 장로님에게 도움을 주신 분이라면 제가 실례했습니다. 죄송합니다."

자칫하면 큰 봉변을 당할 수도 있었는데 그 감사패가 어려운 가운데 있는 이들을 구해준 것이다. 정찬근 장로님은 33년 동안 봉사하고 성좌원을 은퇴하시면서 이런 글을 남기셨다

"안동성좌원과 33년의 인연을 마치면서 그냥 그렇게 미안해요. 그리고 고맙습니다. 술에 인삼을 담아두면 술이 인삼

이 되고 인삼이 술이 되겠지요. 그런데 나는 여러분과 33년 같이 했지만 한센인도 못되고 건강하게 나가게 되어 정말 미안합니다. 한센인들을 위하여 사신 다미안 신부님 보기에도 미안해요. 그분은 결국 한센병에 걸려 그들과 함께 했지요. 손양원 목사님은 애양원에서 병자들의 고름을 빨았다고 했는데 나는 여러분의 고름을 단 한 번도 빨아보지 못했어요. 미안해요. 정말 미안해요. 젊어서 소록도에 들어가 백발이 되도록 봉사하다가 편지 한 장 남기고 떠나간 마리안느나 마가렛수녀 같은 분 보기에도 정말 부끄러워요. 내가 이곳에서 33년 있어도 여러분에게 정말 해준 것이 없습니다. 그런 뜻에서 제가 여러분에게 자주 나타나서 명예원장이니 수고했느니 이런 말은 하나님 앞에서 부끄럽고 들을 이유도 아무것도 없습니다. 정말 정말 미안해요."

정창근 장로님이 이런 삶을 살 수 있는 힘은 바로 새벽기도의 힘이었다. 미국의 대각성 운동을 일으킨 조나단 에드워즈(Jonathan Edwards)는 아침 4시나 5시부터 서재에서 매일 13시간을 보냈다. 그는 이렇게 말했다.

"그리스도께서 무덤에서 이른 새벽에 일어나신 것으로 판단하건대 우리에게도 아침 일찍 일어나라고 충고하신 듯하다."

새벽에 일어나 하루를 시작하기 전에 하나님께 기도하는 당신 하나님께 감사하라. 하나님께 하루의 첫 것을 드릴 수 있음에 감사하라. 새벽기도에 나올 수 있는 모든 환경을 열어주셨음에 감사하라. 새벽에 하나님의 도우심을 경험하게 하심에 감사하라. 하나님의 능력을 맛볼 수 있음에 감사하라. 기도한대로 되는 은혜를 누릴 수 있음에 감사하라. 어떤 문제를 가지고 나와도 해결해 주심을 감사하라.

# 가족 주심을 감사하라

### 가족은 가장 소중한 존재다

소중한 줄 알면서 소중히 여기지 못하는 존재가 누구일까? 늘 내 곁에 있어서 감사를 잃어버리는 존재가 누구일까? 바로 가족이다. 강재현 시인이 쓴《공감》중에 가족이라는 글이 있다.

"맑은 공기나 물처럼 늘 함께 있기에 그 소중함을 모르고 지나치는 사람들이 있습니다. 너무 익숙해진 탓에 배려하지 않고 내뱉는 말들로 가장 큰 상처를 주게 되는 사람들 늘 그 자리에 있는 사람들이라고 믿기에 기다릴 필요도, 이유도 없기에 그리움의 이름을 붙여주지 않는 사람들 함께 있을수록 더 많이 보아야 할 사람들 가까이 있을수록 더 깊이 보아야 할 사람들 익숙해서 편안할수록 더 살뜰히 챙겨야 할 사람들 더 뜨겁게, 서로의 가슴을 안고 살아가야 할 사람들 바로 '가족'이라는 이름입니다."

우리는 때로 가족이라는 말만 들어도 가슴이 뭉클해지고 눈가가 촉촉이 젖어질 때가 있다. 하지만 늘 가까이 있기에 늘 함께 있기에 그 소중함을 모를 때가 많다. 다 알겠지 하면서 감사한 마음을 표현하지 못할 때가 너무나 많다. 부모님을 먼저 떠나보내고 난 다음 자녀들은 늘 후회한다. '살아 계실 때 좀 더 잘해 드릴 걸… 좀 더 찾아 뵐 걸… 사랑한다고 감사하다고 표현 할 걸…' 나도 몇 년 전 아버지를 떠나보내며 이런 후회를 했다. 후회하지 않으려면 지금부터 잘 하면 된다.

### 가족에게 소홀한 인생은 실패한 인생이다

명예, 지위, 돈, 어느 것 하나 빠지지 않고 대단한 성공을 거둔 사람이 대학생들을 대상으로 강의를 하고 있었다. 대학생과 기자들은 그의 강의를 듣기 위해 몰려들었다. 그는 평소에 강의나 인터뷰를 하지 않는 것으로 유명했기 때문에 그 기회를 놓칠 수가 없었던 것이다. 사람들은 그의 강의를 듣기 위해 귀를 쫑긋 세우고 있었다. 그는 등장하자마자 칠판에 무언가를 적었다. "1,000억!" 그리고 말을 시작했다. "저의 재산이 아마 1,000억은 훨씬 넘을 것입니다. 여러분, 이런 제가 부럽습니까?" "네!" 여기저기서 대답이 들려왔다. 이 대답을 들은 그는 웃으며 강의를 시작했다. "지금부터 이런 성공을 거두려면 어떻게 해야 하는지에 대한 강의를 시작하겠습니다. 1,000억 중에 첫 번째 0은 바로 명예입니다. 그리고 두 번째 0은 지위입니다. 세 번째 0은 돈입니다. 이것들은 인생에서 필요한 것들입니다." 사람들은 모두 고개를 끄덕였다. "그럼 앞에 있는 '1'은 무엇인지 아십니까? '1'은 건강과 가족입니다. 그런데 여러분! 만일 '1'을 지우면 1,000억이 어떻게 되나요? 바로 0원이 되어버립니다. 그렇습니다. 인생에서 명예, 지위, 돈도 중요하지만 아무리 그것을 많이 가지고 있다 하더라도 건강과 가족이 없다면 바로 실패한 인생이 되어버리는 것입니다." 우리가 이 세상에서 명예와 지위뿐만 아니라 아무리 많은 돈을 가졌다고 할지라도 그것 때문에 가족을 소홀히 했다면 그 인생은 실패한 인생이다.

"마른 떡 한 조각만 있고도 화목 하는 것이 제육이 집에 가

득하고도 다투는 것보다 나으니라"(잠언17:11)

### 가족이 내 곁에 있는 것만으로 감사하라

노벨물리학상을 받은 퀴리(Curie)부인도 "가족들이 서로 맺어져서 하나가 되어있다는 것이 정말 이 세상에서의 유일한 행복이다."라고 말했다. 세계적인 석학 스티븐 호킹(Stephen Hawking) 박사는 루게릭병 환자였다. 불편한 몸 때문에 30여 년을 휠체어 위에서 보냈지만, 그는 감사의 마음을 잊지 않았다. 그는 살아생전에 이렇게 고백했다.

> "나의 손은 아직 움직이고 나의 머리는 아직 사고한다. 또한, 내게는 평생 좇을 꿈이 있으며, 내가 사랑하고 나를 사랑해주는 가족과 친구들이 있다. 그래서 나는 감사하다."

좋은 집에서 많은 것을 누리며 살아서 행복한 것이 아니다. 내가 사랑하고 나를 사랑해 줄 수 있는 가족이 나의 곁에 있다는 자체가 행복이다. 북한에 가족을 두고 온 실향민들의 소원은 살아생전에 가족 얼굴 한 번 보는 것이다. 이 세상에는 보고 싶은 가족들을 먼저 떠나보낸 사람들이 너무나 많다. 아침에 일어나 가족의 얼굴을 맞대고 함께 식사할 수 있음에 감사해야 한다. 아무것도 하지 않아도 내 옆에 있다는 것으로 감사해야 한다.

### 가족을 이루며 살아가는 것은 하나님의 은혜다

하나님께서 이 세상 모든 만물을 다 창조하신 이후에 하나님의 형상을 따라 아담을 만드셨다. 이 세상 모든 만물은 하나님께서 아담에게 주신 선물이다. 하지만 아담에게 하나님께서 주신 최고의 선물은 하와였다. 하나님께서 하와를 아담에게 인도해 왔을 때 아담은 '내 뼈 중의 뼈요 살 중의 살이라'고 사랑 고백을 했다. 가족은 하나님께서 주신 최고의 선물이요, 가장 소중한 공동체이다.

내가 존재하는 것은 나의 부모가 있었기 때문이다. 하나님께서 어머니 배속에 생명을 잉태하게 하셨지만 나를 이 세상 속으로 보내신 통로는 부모님이다. 부모는 나를 있게 만들어주신 하나님의 선물이다. 부모에게 있어서 자녀들 또한 하나님께서 보내주신 선물이다. 내가 태어남으로 인해 한 남자가 아버지가 되고, 한 여자는 어머니가 된다. 내가 태어났기에 한 남자가 할아버지가 되고, 한 여자가 할머니가 된다. 하나님께서는 한 생명을 가정 가운데 태어나게 하시므로 새로운 이름과 사명을 부여하신다. 가족을 이루며 살아간다는 것은 하나님의 놀라운 은혜다. 이 은혜에 감사해야 한다. 감사할 뿐만 아니라 가족을 소중하게 여겨야 한다. 먼저 생각하고 사랑하고 배려할 수 있어야 한다. 가화만사성(家和萬事成)이라는 말이 있다. 이는 '집안이 화목하면 모든 일이 잘된다'라는 말이다. 모든 것의 출발은 다름 아닌 가정임을 잊지 말아야 한다.

### 영적 가족도 소중한 선물이다

하나님께서 우리에게 허락하신 육신의 가족도 소중하지만 영적 가족도 하나님께서 우리에게 주신 선물이고 너무나 소중한 존재이다. 육신의 가족은 육신의 피로 맺어진 가족이지만 영적 가족은 예수님의 피로 맺어진 가족이다. 예수님께서 말씀하셨다.

> "누구든지 하나님의 뜻대로 행하는 자가 내 형제요 자매요 어머니이니라"(막3:35)

한 교회에서 함께 신앙생활 할 수 있는 영적 가족이 있다는 것은 감사해야 할 일이다. 이 땅 가운데 많은 교회가 있고 많은 성도가 있다.

그 많은 교회와 성도 중에서 같은 교회에서 함께 신앙 생활하는 것은 하나님의 섭리이다.

초대교회 공동체는 너무나 아름다운 영적 가족공동체였다. 네 것 내 것 없이 많이 가진 자는 자신의 것을 내놓고 필요한 사람들과 함께 나누었다. 날마다 한마음이 되어서 성전에 모이기를 힘썼다. 집에서 함께 떡을 떼며 기쁨을 함께했다. 이런 아름다운 공동체를 이루고 살아가니 온 백성들에게 칭송을 받았다. 그 결과 주께서 구원받는 사람을 날마다 더해주셨다. 우리가 초대교회 공동체를 그대로 따라가지 못하더라도 한 교회라는 울타리 안에 함께 살아가는 영적인 가족이라는 사실을 잊지 말아야 한다. 함께 신앙 생활하는 성도로 생각하는 것과 가족으로 생각하는 것은 천지 차이다. 가족이라고 생각할 때 진심으로 사랑할 수 있다. 배려할 수 있다. 허물을 덮어 줄 수 있다. 함께 나눌 수 있다.

### '우분투' 라고 외치라

어떤 인류학자가 연구하던 아프리카 한 부족의 아이들에게 게임을 하자고 제안했다. 그는 아프리카에서 보기 드문 싱싱하고 달콤한 과일을 바구니에 담아두고는 목표지점을 돌아서 먼저 도착한 사람이 그것을 먹을 수 있다고 말했다. 아이들을 출발선에 세우고 출발이라고 외쳤다. 아이들은 뛰기 시작했다. 그런데 약속이라도 한 듯 모두 손을 잡고 뛰는 것이다. 목표지점을 돌아서 올 때도 아이들은 손을 잡은 채 똑같이 들어 왔다. 모두 1등이었기에 아이들은 과일을 함께 나누어 먹었다. 인류학자는 아이들의 이런 모습이 너무나 신기해서 물어보았다. "너희 중에 1명이 먼저 가면 다 차지할 수 있는데 왜 함께 뛰어갔니?" 그러자 아이들은 모두 "우분투(UBUNTU)"라고 외쳤다. 그중 한 아이가 덧붙여 이렇게 말했다. "나머지 다른 아이들이 다 슬픈데 어떻게 나만 행복할 수 있나요?" '우분투'는 반투족 말로 '네가 있기에 나도 있다'라는 뜻이다. 다른 말로 하면 '내가 너를 위하면 너는 나 때문에 행복하고 너 때문에 나도 행복해질 수 있다'라는 의미이다.

가족들을 바라보며 '우분투'라고 외치라. 영적 가족들을 향해 '우분투'라고 외치라. 데이비드(David)는 "감사는 표현할수록 더 깊이 느낄 수 있다. 또 감사는 깊이 느낄수록 표현하고 싶어진다. 이 둘은 동그라미를 그리며 휘몰아치는 회오리바람처럼 무한정 퍼져나가면서 함께 커진다."라고 말했다. 가족들에게 이제는 표현해야 한다. 가족이기 때문에 괜찮다고 생각하면 안 된다. '가족이기 때문에 다 알겠지'라고 생각하면 안 된다. 가족에게 내 옆에 언제나 존재해 줘서 감사하다고 표현해야 한다. '우분투'라고 말해야 한다.

# 하루의 시작을 감사하라

**하루를 시작할 수 있게 하심에 감사하라**

나는 눈을 뜨자마자 하는 기도가 있다. "하나님 하루 시작할 수 있게 하심을 감사드립니다." 사실 이런 기도는 누구나 하는 기도일 것이다. 하지만 어머님을 먼저 하늘나라로 떠나보낸 뒤 하루 시작에 대한 감사는 새롭게 다가왔다. 나도 언젠가 어머님의 뒤를 따라가야 하는 인생임을 알기 때문이다. 그때부터 하루하루를 후회 없이 살고자 한다. 눈을 감기 전에 하는 기도가 있다. "하나님, 하루 인도해 주셔서 감사를 드립니다." 단 하루도 내 힘으로 만족스러운 삶을 살 수 없음을 알기 때문이다.

하나님께서 도와주시지 않으면 헛된 짓으로 하루가 채워진다. 어릴 적이나 성년이 된 지금도 이런 경험을 수없이 하고 있다. 이 세상에서 헛된 짓을 하고 싶은 사람은 아무도 없을 것이다. 그러나 하나님의 도우심이 없이는 헛된 짓을 수시로 하게 된다.

### 시작을 하나님으로부터 해야 한다

우리는 시작을 하나님으로부터 해야 한다. 하나님이 시작이시기 때문이다.

"태초에 하나님이 천지를 창조하시니라"(창1:1)

하나님께서 우주의 시작을 여셨다. 그래서 "나는 알파와 오메가요 처음과 마지막이요 시작과 마침이라."(계22:13)라고 하신다. 하나님의 천지창조는 완벽했다. 아름다웠다. 하나님께서 보시기에 좋으셨다. 자신이 창조한 세계가 얼마나 아름다웠으면 자화자찬을 하셨겠는가?

오늘 하루 시작은 눈 뜨기부터 시작되었다. 이 글을 쓸 때는 제주도 친구 집에서 눈을 떴다. 하루 시작이 좋았다. 서귀포 중문에서 바다를 보며 좋은 시간을 보냈기 때문이다. 하루의 시작을 하나님께 믿음으로 맡겼기 때문이다. 믿음으로 맡기니 하루의 시작이 만족스러웠다. 마무리도 만족스러웠다.

하나님과 함께하지 않는 하루의 시작은 불안하다. 물과 같이 흘러가야 하는데 벽과 벽이 에워싸고 있는 것 같다. 꽉 막힌 상태로 시작한다. 그 결과 불안이 엄습한다. 물이 막힘 없이 부드럽듯이 자신과 만남이 부드러워야 한다. 자신과 만남이 부드러울 때 꿈을 가지고 하루를 시작할 수 있다. 다른 사람과의 만남도 딱딱하지 않고 부드러워야 한다. 사업상 만남이거나 채무 관계일지라도 벽창호와 같으면 안 된다. 독일의 시인, 극작가, 철학자인 요한 볼프강 폰 괴테(Johann Wolfgang Von Goethe)가 이런 말을 했다.

"시작과 창조의 모든 행동에는 한 가지 기본적인 진리가 있다. 그것은 우리가 진정으로 하겠다는 결단을 내리는 순간, 그때부터 하늘도 움직이기 시작한다는 것이다."

하루를 대하는 우리의 자세는 행동이어야 한다. 하나님께서도 창조를 행동으로 옮기셨다. 행동으로 옮기시니 없던 우주가 창조되었다. 사람과 동물, 식물, 해와 달, 별들이 창조되었다.

### 아침형 인간으로 살아가라

하루를 시작하되 남보다 일찍 시작해야 한다. "일찍 일어난 새가 먹이를 잡는다."라는 말이 있지 않던가? 일찍 시작하면 다른 새보다 더 많은 먹이를 찾게 되고, 먹게 된다. 이러한 결과는 당연하다. '아침형 인간'이란 말이 있다. 나는 전형적으로 아침형 인간이다. 일찍 시작하면 다른 사람보다 시간을 더 유익하게 사용할 수 있다.

사이쇼 히로시는 《인생을 두 배로 사는 아침형 인간》에서 성공한 사람들은 아침이 부지런한 사람이었다고 한다. 그 이유는 아침을 잘 활용하는 사람이 하루를 지배할 수 있고, 하루를 지배하는 사람이 인생을 지배할 수 있기 때문이다. 이 책에서 성공은 아침에 좌우된다고 한다.

아침형 인간이 되면 생활에 네 가지 변화가 있다.

첫째, 신체와 정신이 조화로운 하루, 에너지가 충만한 하루를 갖게 된다.

둘째, 생활에 여유를 잃지 않으면서도 목표하는 성과를 달성하게 한다.

셋째, 세상과 자신의 삶을 대하는 자세가 달라진다.

넷째, 건강한 삶, 장수하는 삶을 누리게 된다.

아침 시간은 알짜배기 시간이다. 아침 시간은 보너스 시간이다. 아침 시간은 틈새 시간이다.

제일기획의 김낙희 전 사장은 자신의 저서인 《결단이 필요한 순간》

에서 책을 쓰기 위해 아침형 인간으로 살았다고 말한다.

"입사 이후로 하루도 거르지 않고 매일 남들보다 한 시간 먼저 출근하는 것부터 시작했다. 한 시간을 온전히 자기 계발에 쓰기 위해서다. 책을 읽든, 자료를 찾든, 어학 공부를 하든…. 어쨌든 하루 한 시간을 나를 위해 온전히 투자했다."

예전에는 신문이 조간신문과 석간신문이 있었다. 우리 집은 조간신문을 봤다. 나는 아침형 인간이었기에 대문 앞에 배달된 조간신문을 아버지께 가져다 드리곤 했다. 그러면 아버지께서 좋아하시면서 칭찬해주셨다. 아버지가 신문을 보시고 나면 나는 사설 위주로 읽고 학교에 갔다. 하루 시작이 활기찰 수밖에 없었다. 정신적으로 충만했다.

장석주는 《철학자의 사물들》에서 '조간신문'을 다음과 같이 이야기한다.

"조간신문은 일요일 아침에 배달된 파이 상자와 같다. 달콤한 파이의 향내에 코를 킁킁거리며 신문을 조급하게 펼쳐 든다. 신문을 넘기는 손동작은 느긋하고 여유롭다. 하루 일과를 서둘러 시작할 만큼 바쁜 일은 없다. 신문에서 리얼리

티는 중요하게 취할 만한 요소가 아니다. 그보다 더 중요한 것은 조간신문을 읽는 이 시간에 서리는 유유자적, 햇빛의 기쁨, 멜랑꼴리의 안온함이다. 조간신문은 멜랑꼴리의 안온함으로 우리의 들끓는 욕망을 다독인다. 조간신문을 읽는 이 시간에 꽃잎 내려앉듯 쌓이는 정밀한 고요와 잔잔한 기쁨을 속속들이 맛보려 한다."

카피라이터 정철은 《머리를 9하라》에서 새벽 시간을 이렇게 말한다.

"새벽 시간이 좋다. 내가 가장 사랑하는 시간은 새벽 여섯 시에서 아침 아홉시, 이 세 시간을 가장 사랑한다. 이 시간은 전화도 문자도 택배도 오지 않는 시간이다. 누구도 방해하지 않는다. 집중력이 최고조로 달하는 시간이다."

뇌과학자이자 이학 박사인 모기 겐이치로(茂木健一郎)는 《아침의 재발견》에서 아침을 이렇게 말한다.

"아침에 얻은 한 시간은 저녁에 보물이 된다. 단 일 분의 시간도 보물이며 무한한 가치가 있기 때문이다."

아침이 중요하다. 시작이 중요하다. 시작을 잘하면 저녁이 보물과 같은 시간이 된다. 목회자들은 새벽형 인간이다. 새벽에 일어나 새벽 기도회를 인도하고 기도하기 때문이다. 하루 시작이 남다르다. 보물과 같은 인생을 살고 있다는 증거다. 하루 시작은 아침으로부터 시작된다. 그 시작이 보물이 되느냐 고물이 되느냐는 어떻게 하느냐가 관건이다. 시작을 보물로 시작해 마무리도 보물이 되는 하루가 되는 삶을 만들어가는 것이 그리스도인의 도리이다.

### 감사함이 중심이 되게 하라

한 연구에서 감사에 따른 변화를 알아보기 위해 참가자를 다음의 세 그룹으로 나눴다.

**첫 번째 그룹:** 지난 한 주간 경험한 감사한 일들 5가지를 적었다(감사 조건). 이들이 작성한 목록에는 하나님, 친구가 베푼 친절, 좋은 음악이 포함됐다.

**두 번째 그룹:** 지난 한 주간 경험한 귀찮은 일들 5가지를 적었다(귀찮은 상황 조건). 이들이 작성한 목록에는 수북이 쌓인 청구서, 주차공간을 찾을 수 없는 주차장, 어질러진 주방 등이 포함됐다.

**세 번째 그룹:** 지난 한 주간 있었던 일반적인 일들 5가지를 적었다(통

제 조건). 작성한 목록에는 음악, 페스티벌 참가, 심폐소생술 훈련, 옷장 정리 등이 포함됐다.

실험 시작 전부터 모든 참가자가 매일 자신의 감정 상태와 신체 건강, 생활 태도를 기록하는 일기를 썼다. 결과는 감사 조건에 있던 첫 번째 그룹의 행복감이 다른 그룹보다 무려 25% 높았다. 그들은 감사한 일을 적기 전보다 미래에 대한 낙관적 기대와 일상생활의 만족도가 더욱 높아졌다. 특히 두드러지는 점은 이 그룹의 한 주 운동시간은 귀찮은 상황 조건과 통제시간에 있던 사람보다 1.5시간 더 많아졌으며 질병 증상도 줄어들었다는 점이다.

감사함이 하루 삶의 중심이 되게 해야 한다. 그럴 때 행복과 만족 그리고 기쁨이 넘친다. 우리가 감사하며 하루를 살아가야 할 이유가 또 있다. 백정미는 《그대를 포함한 나의 사색》에서 "행복한 생각을 하면, 행복한 일들이 벌어질 것이다. 반대로 불행한 생각을 하면 불행한 일들이 생길 확률이 높다"라고 했다. 마찬가지로 감사를 하면 감사할 일이 생길 확률이 높고, 감사하지 않으면 불평할 확률이 높게 된다.

# '눈 맞춤'을 감사하라

**하나님과 눈 맞춤하라**

　나의 책인 《출근길 그 말씀》의 한 챕터 제목이 "하나님과 눈 맞춤이 삶의 깔 맞춤을 결정한다."이다. 하루를 시작하면서 가장 먼저 할 것은 하나님과 눈 맞춤하는 것이다. 하나님과 눈 맞춤은 두 가지로 한다. 기도와 말씀 묵상이다. 먼저는 기도이다. 기도는 하나님과 눈 맞춤할 수 있는 호기다. 하나님과 눈 맞춤할 때 하나님의 백성은 가장 행복하다. 감사하게 된다. 하나님께서 "너는 내가 사랑하는 아들이다"라고 말씀해주시기 때문이다. 기도할 때 닫힌 마음이 활짝 열린다.

　우리는 기도해야 한다. 기도 중 가장 많이 해야 할 기도가 감사다.

하나님께서 하루를 주심에 감사하고, 하루를 살 힘을 주심에 감사해야 한다. 또한, 감사는 선불로 해야 한다. 후불로 하는 것이 아니다. 성경은 "기도하라"라고 말씀하신다. 기도는 하나님과 사랑의 눈 맞춤의 시간이기 때문이다.

다음으로 말씀 묵상이다. 해마다 부활절 전에 사순절 기간을 맞이한다. 다른 어느 때보다 이 기간엔 십자가를 많이 묵상하게 된다. 우리가 십자가를 묵상해야 할 이유가 있다. 옥한흠 목사는 십자가는 삶의 중심이요, 세상을 이기는 복된 삶의 비결이라고 말했다.

"하루에 10분 만이라도 십자가의 주님을 묵상하십시오. 아무리 바빠도 10분만, 나를 사랑하사 나를 위하여 자기 몸을 버리신 주님 앞에 나아가십시오. 그분의 십자가 밑에서 흘러내리는 피에 두 손을 담그고 그분을 우러러보십시오. 세상이 아무리 험하고, 세상살이가 아무리 힘들어도 다시 한 번 일어날 수 있는 힘을 얻을 것입니다. 세상이 감당치 못할 힘이 내 안으로 쏟아져 들어올 것입니다."

묵상함으로 하나님과 눈 맞춤해야 한다. 그럴 때 진리의 방향에 맞춰 하루를 살 수 있다. 우리의 삶은 하나님과 눈 맞춤하는 삶이다. 하나님과 눈 맞춤을 하려면 하나님께서 기뻐하지 않는 것을 끊어야 한다. '어쩔 수 없이' 관계를 갖는 것 대신 '그런데도'의 자세로 끊을 것은 확실히 끊어야 한다. 우리는 하나님과 눈 맞춤의 시간을 많이 가져야 한다. 하지만 우리는 돈과 눈 맞춤 시간을 갖길 좋아한다. 이를 끊을 수 있어야 한다. 이를 끊으면 하나님과 눈 맞춤으로 끝나지 않는다. 하나님과 깔 맞춤을 한다. 하나님과 깔 맞춤하는 것은 하나님과 하이파이브 하는 삶이다.

### 가족과 눈 맞춤하라

하루를 시작하면 가장 먼저 눈에 띄는 사람이 있다. 가족이다. 하나님은 생각으로 만나지만 가족은 눈으로 만난다. 눈에서 눈으로 눈 맞춤해야 한다. 그 눈 맞춤은 사랑이 담겨 있어야 한다. 감사가 담겨 있어야 한다. 어릴 적 밥을 먹을 때마다 아버지께 훈계를 들어야 했다. 아버지는 사랑으로 하셨지만 어린 마음에는 늘 혼나는 것으로 받아들였다. 가족과 눈 맞춤은 따뜻해야 한다. 사랑이 넘치고 격려가 가득해야 한다. 감사의 마음으로 해야 한다.

독일의 철학자이자 시인인 프리드리히 니체(Friedrich Wilhelm Nietzsche)

가 이런 말을 했다.

"모든 인간은 시대를 막론하고 자유인과 노예로 나누어진다. 하루의 3분의 2를 자신을 위해 쓰지 않는 사람은 노예로 분류될 수밖에 없다."

가족이나 친구가 보고 싶어도 너무 바빠서 만날 수 없는 사람이라면 그는 노예다. 이런 사람을 어떻게 삶의 주인이라고 할 수 있겠는가? 가족과 시간을 많이 보내야 한다. 그럴 때 니체가 말한 자유인으로 살 수 있다. 의미 없는 시간이 아니라 의미 있는 시간을 보내야 한다. 그럴 때 건강한 가정이 된다. 건강한 가정은 국가를 위해 작은 이바지도 할 수 있다. 하나님의 영광을 나타낸다.

문학평론가인 고미숙은 《몸과 인문학》에서 가족 중 특별한 존재인 아기를 업어야 하는 3가지 이유를 이야기한다.

첫째, 아기는 양기 덩어리이다. 그런데 엄마가 아기를 안고 있으면 엄마의 심장과 아기의 심장이 서로 마주 보게 된다. 곧 맞불이 붙은 형국이다. 그렇게 되면 아기는 더욱 항진될 것이고, 엄마 또한 열이 올라 그 자체를 오래 유지하기가 힘들다. 아기를 오래 안고 다니면 엄마의 허리에 엄청나게 무리를 준다.

둘째, 등은 서늘하다. 족태양방광경이라는 경맥이 지나가기 때문이다. 이 경맥은 신장과 방광으로 이어진다. 신장과 방광은 물을 주관한다. 해서 등에 업히면 아기의 심장뿐 아니라 몸 전체의 양기가 차분하게 수렴 된다.

셋째, 엄마가 아이를 안으면 그래서 서로를 바라보게 되면 '내 아이는 특별해' '오직 내 아이만을' 등의 감정에 휩싸이기 쉽다. 이것은 가족주의를 심화시킬 뿐만이 아니라 엄마가 자식의 인생을 좌지우지할 수 있다는 망상이 싹틀 수도 있기 때문이다. 모성과 자본이 만나면 이 망상이 "하늘만큼 땅만큼" 커진다. 이 고리를 끊으려면 관계를 바꾸어야 한다. 엄마와 아기는 각자 자신의 삶을 살아갈 뿐이다.

고미숙은 엄마와 아기가 서로가 서로에게 배경이 되는 관계, 엄마와 아기가 각자 자신의 삶을 확충해 갈 수 있는 관계, 엄마의 등은 그것을 훈련할 수 있는 최고의 현장이라고 한다. 그러니 부디 안지 말고 업으라고 한다. 아기 때 가장 중요한 시간이 부모와 눈 맞춤하는 시간이다. 특히 아기와 눈 맞춤을 충분하게 해주어야 한다. 그럴 때 아기가 사랑의 결핍으로 일탈의 인생을 살지 않도록 도움을 준다.

### 다른 사람과 눈 맞춤하라

　사람은 사람을 그리워하며 살아간다. 다른 사람으로부터 사랑과 관심을 받아야 하기 때문이다. 통계에 보면 친구가 많은 사람이 오래 산다고 한다. 유방암 환자를 관찰한 연구에 의하면 친한 친구가 없는 환자는 10명 이상의 친한 친구가 있는 환자에 비해 암으로 인한 사망률이 4배 이상 높았다. 친밀한 관계는 삶의 질과 수명을 높이는 데 결정적인 역할을 한다. 고아원에서 자란 아이가 일반 가정에서 자란 아이에 비해 의욕이 떨어진다는 연구 결과만 봐도 알 수 있다.

　그리스도인은 다른 사람과 눈 맞춤하는 시간을 할 수만 있다면 오래 가져야 한다. 2017년 미국노동통계국 조사에 따르면, 평범한 미국인은 친구와 대화를 하고 모임에 참석하는 등 다른 사람과 어울리며 교류하는 시간이 하루 평균 39분에 불과하다고 한다. 반면 텔레비전 시청에는 2.7시간을 소비한다.

　그리스도인은 신앙생활을 한다. 신앙생활은 다른 사람과 교류할 수 있는 환경을 만들어준다. 미국에서 조사한 바에 의하면 신앙생활을 위한 모임을 주 1회 이상 참석하는 사람의 47%가 '매우 행복하다'라고 답했다. 이에 비해 신앙생활을 하지 않는 사람이 '매우 행복하다'라고 답한 경우는 26%에 불과했다. 또 신앙생활을 정기적으로 하는 사람은 우울증에 걸리거나 자살할 확률이 낮았다. 더욱이 신앙생활은 암이나 심장질환, 뇌졸중 등을 비롯한 건강 문제에도 도움을 준다. 16년간 연구한 결과에 따르면 신앙생활을 하는 사람은 사망 위험이 33% 더 낮았다. 그리고 평균 5개월 더 오래 살았다.

다른 사람과 눈 맞춤을 하되 단점을 찾기 위해 하면 안 된다. 장점을 찾기 위해 해야 한다. 마이크로소프트 창업자인 빌 게이츠(Bill Gates)에게는 좋은 습관이 있다. '타인의 장점 찾기'다. 다른 사람과 눈 맞춤하는 사람은 단점 찾기가 아니라 장점 찾기를 한다. 그는 타인의 장점 찾기를 통해 인재들을 수시로 발굴하고 적재적소에 배치한다.

스타벅스 회장 하워드 슐츠(Howard Schultz)의 습관은 '날마다 새로운 사람들과 점심 먹기'다. 다양한 분야의 사람들을 만나 인적 네트워크를 확장하고 사업성을 판단하는 안목을 높인다. 투자의 천재 워런 버핏(Warren Buffett)의 습관은 퇴근 후 '매일 책 한 권 읽기'이다. 이는 다른 사람들과 눈 맞춤하고자 하는 모습이다. 다른 사람과 눈 맞춤할 수 있음은 감사한 일이다.

### 자연과 눈 맞춤하라

'코로나19'는 2020년 3월 12일 자로 역사상 세 번째로 팬데믹

(pandemic)을 세계보건기구(WHO)가 선포하게 했다. 이는 인간이 자연과 눈 맞춤을 하고자 하지 않고 자연을 멸시한 결과물이다. '코로나19'와 같은 바이러스의 역습은 인간이 자연을 파괴한 결과물이다. 우리는 자연과 눈 맞춤을 감사함으로 해야 한다. 자연은 하나님께서 우리에게 주신 선물이기 때문이다.

그리스도인은 눈 맞춤의 명수가 돼야 한다. 하나님과 가족과 타인과 자연과 눈 맞춤을 해야 한다. 눈 맞춤의 삶은 '하는 수 없이' 하는 것이 아니라 '당연히' 해야 한다. 예수님께서는 십자가의 죽음을 '하는 수 없이'가 아니라 '당연히' 여기셨다. 예수님을 따라 살아가는 '그럼에도 불구하고'의 삶은 다음과 같은 삶이다.

> "비록 무화과나무가 무성하지 못하며 포도나무에 열매가 없으며 감람나무에 소출이 없으며 밭에 먹을 것이 없으며 우리에 양이 없으며 외양간에 소가 없을지라도 나는 여호와로 말미암아 즐거워하며 나의 구원의 하나님으로 말미암아 기뻐하리로다"(합3:17-18)

눈 맞춤은 언제나 따뜻한 사람으로 만든다. 눈 맞춤은 따뜻한 관계를 만든다. 눈 맞춤은 살만한 세상으로 만든다. 눈 맞춤은 감사하게 만든다. 그러므로 우리는 하루하루를 눈 치켜세움이 아니라 눈 맞춤의 삶을 살아야 한다.

# 감사로 하루의 마침표를 찍어라

**행복은 하루 마무리가 어떠한가로 평가된다**

행복은 과정에 의해 만들어진다고 하지만 사람들은 결과에 영향을 많이 받는다. 즉 마무리 또한 과정만큼 중요하다는 말이다. 삶에는 물음표의 삶, 느낌표의 삶, 마침표의 삶이 있다. 물음표의 삶이나 느낌표의 삶은 나름대로 가치가 있다. 하지만 하루의 마무리는 마침표의 삶이 되어야 한다.

믿음의 조상 아브라함은 예배로 하루의 마침표를 찍었다. 창세기 12장에 보면 그가 세겜에서 예배로 하루의 마침표를 찍었음을 알 수 있다. 아브라함의 하루의 마침표는 쉼이 아니었다. 장막을 짓는 것도,

불을 피우는 것도 아니었다. 바로 예배를 드리는 것이었다.

### 하나님과 함께 마침표를 찍지 못하면 물음표를 찍는다

하나님과 함께 마침표를 찍지 못하면 물음표를 찍는다. 인생과 신앙의 물음표를 찍는다. 사람들은 세상에 묻고 또 묻는다. 하지만 세상은 답을 줄 수 없다. 그 결과 평생 물음표로 마침표를 찍는다. 신천지와 같이 마귀와 마침표를 찍을 수도 있다.

그리스도인은 하루의 마지막을 예배로 마침표를 찍어야 한다. 하나님의 기쁨이 되는 것으로 찍어야 한다. 그렇지 않으면 물음표만 찍게 될 뿐 아니라 평생을 물음표만 찍다 끝날 수도 있다.

### 마침표는 쉼표 찍기에 달렸다

하루의 마침표를 잘 찍으려면 지금 이 순간의 마무리를 잘해야 한다. 사람들이 젊어서는 큰 꿈을 꾸며 살아야 한다. 하지만 나이가 들어서는 작은 것들도 사랑해야 한다. 젊어서는 꿈을 꾸고 도전해야 한다. 나이가 들면 지금 이 순간을 값지게 마무리해야 한다.

미국의 정치인인 벤자민 프랭클린(Benjamin Franklin)은 매일 하루를 마무리하면서 노트를 펼쳐 자신이 한 일들을 기록했다. 일기를 쓰는 사람들은 그것을 통해 자기 점검을 하면서 마무리를 한다. 모든 사람이 마침표를 잘 찍는 방법이 있다. 쉼표를 잘 찍는 것이다. 소설가 박범신은 《힐링》에서 이렇게 말한다.

"… 나는 그렇게 생각해요. 마침표가 아니라 쉼표가 주인이 된 문장들이라고. 쉼표를 도미노처럼 릴레이로 나누어 품으면 우리들 세상이 좀 더 환해지지 않겠느냐 하고요."

정철은 《머리를 9하라》에서 쉼표는 숫자 9를 닮았다고 한다. 1에서 9까지 열심히 달려왔다면 10으로 넘어가기 전에 잠시 쉬어가라는 뜻이다. 9에서도 잠시 머물지 않고 10, 11로 허겁지겁 달려가는 사람은 12는 구경도 못 하고 지쳐 주저앉고 만다. 그는 쉼표에 인색하지 말라고 말한다. 쉼표를 찍을 줄 아는 사람만이 마침표까지 찍을 수 있기 때문이다. 그는 이별을 설명하면서도 쉼표를 이야기한다.

"이별은 남자와 여자가 만나 서로의 가슴에 느낌표를 찍고, 서로의 품에서 쉼표를 찍다가, 어느 날 서로에게 물음표를 던진 후, 한동안 조용히 말줄임표를 찍고, 결국 서로의 기억에 마침표를 찍는 것, 그리고 둘 중 한사람은 자꾸 도돌이표를 만지작거리는 것이다."

남자와 여자가 쉼표를 조금 더 찍으면 이별의 마침표를 찍지 않을 수 있다. 서로간의 쉼표 찍기에 실패했기에 이별의 마침표를 찍게 된다. 결국, 쉼표를 찍을 줄 아는 사람만이 마침표까지 찍을 수 있다.

마무리를 잘 하려면 목표점을 분명히 해야 한다.

길을 잃은 사람에게 방향을 잡아주는 것은 나침반이다. 나침반은 어떤 상황에도 정확하게 남과 북을 가리키고 있기에 방향의 기준이 된다. 수시로 변하는 사막에서는 지도보다 더 중요한 것이 나침반이다.

"그러므로 나는 달음질하기를 향방 없는 것 같이 아니하고 싸우기를 허공을 치는 것 같이 아니하며"(고전9:26)

100m 달리기를 하는 선수에게 있어서 그의 방향은 결승점이다. 세계에서 제일 빠른 우사인 볼트라고 할지라도 결승점이 아닌 다른 곳을 향하여 달려가면 메달을 목에 걸 수 없다. 권투선수가 시합할 때, 주먹의 방향은 정확하게 상대 선수를 향해야 한다. 얼굴을 공격하든 가슴

을 공격하든 옆구리를 공격하든 그 방향은 상대 선수를 향해야 한다. 만일 주먹의 방향이 상대 선수를 향하지 않고 허공을 향한다면, 그 선수는 상대 선수의 주먹을 맞고 쓰러질 것이다. 방향을 잡는 것은 너무나 중요하다. 특히, 인생의 방향을 잡는 것은 무엇보다도 중요하다. 우리가 살아가야 하는 인생의 방향을 제대로 잡지 못하면 계속해서 방황하게 된다.

어릴 때 운동장에서 놀이를 위해서 선을 그어야 할 때가 있었다. 막대기를 가지고 똑바로 그었다고 생각했는데 선이 삐뚤다. 마음이 비뚤어서 선을 비뚤게 긋는 것인가? 그렇지 않다. 그것은 목표점 없이 선을 그었기 때문이다. 선을 똑바로 긋는 것은 마음만 가지고 되는 것이 아니다. 먼저 목표점을 바라보고 그 목표점을 향해서 선을 그어가야 한다. 그럴 때 선이 비뚤비뚤 하지 않고 바르게 그어진다.

우리의 인생도 마찬가지이다. 인생의 분명한 목표가 없으면 방황하게 된다. 헤매는 것이 당연한 것처럼 된다. 하지만 인생에 분명한 목표가 있는 사람은 방황하지 않는다. 바르게 방향을 잡고 살아가게 된다. 때론 어떤 유혹에 의해서 방황할지도 모른다. 긴장을 늦추어 방황할 수도 있다. 하지만 분명한 목표가 있기에 다시 제자리를 찾게 된다. 하루는 인생의 축소판이다. 하루의 삶을 살아가는데 목표점을 정하고 살아야 한다. 그렇지 않으면 방황하는 삶을 살게 된다. 분명한 목표점을 정하고 살아갈 때 하루의 삶도 잘 마무리할 수 있다.

### 감사가 최고의 마침표를 찍게 한다

값지게 마무리하는 또 하나의 방법은 감사하는 것이다. 박범신은 《힐링》에서 마침표는 문장에서만 찍으라고 한다. 관계에서는 마침표를 찍으면 안 된다는 것이다. 마침표는 삶이나 사랑에서 사용하면 안 된다. 마침표를 찍으려면 감사로 찍어야 한다. 하루의 마침표도 마찬가지다. 감사로 찍어야 한다. 이런 글이 있다.

"감사하라. 모든 순간은 신이 허락한 선물이다."

겨울 스포츠 중에 스키점프가 있다. 스키점프는 출발에서 도약대까지가 시작이다. 도약대를 지나 공중으로 날아올라 활공하는 것이 중간이다. 착지가 마무리다. 착지를 잘해야 좋은 점수를 받는다. 스키점프에서 마무리를 잘해야 하듯이 하루도 마무리를 잘해야 한다.

콘텐츠 큐레이터, 인사이트 큐레이터로도 불리는 허영민은 《고수의 습관》에서 4가지 습관을 길들였다고 말한다.

첫째, 감사하기다.

둘째, 건강관리다.

셋째, 마음 챙김이다.

넷째, 친절 베풀기다.

그가 첫 번째로 길들인 것이 감사하기다. 그 이유는 감사가 멋진 하루를 만들고 마침표를 찍게 해줄 수 있기 때문이다. 삶을 의미 있고 가치 있게 살 수 있도록 만들기 때문이다.

## 02
## 한 달에 대한 감사

# 이해를 감사하라

**주문 실수가 넘치는 식당**

어떤 식당에 가서 라면을 시켰는데 우동이 나왔다. 햄버거를 시켰는데 만두가 나왔다. 이런 일을 당하면 사람은 내가 잘못 주문한 것이 아닌가를 먼저 생각한다. 종업원을 불러서 다시 한번 주문을 확인해 본다. 그런데 주문한 음식마다 매번 다른 음식이 나오게 된다면 과연 어떨까? 일본에 가면 정말 이런 식당이 있다. 이 식당의 이름은 '주문 실수가 넘치는 식당'이다. 도대체 이 식당은 장사할 마음이 있는 것일까? 놀라운 것은 이 식당은 항상 손님이 북적북적한 인기 있는 맛집이라는 것이다. 내가 주문하지 않은 엉뚱한 메뉴를 가져다줘도 화내는 손님은 한 명도 없다.

　이 식당이 특별한 이유는 아르바이트생들 때문이다. 이곳의 아르바이트생들은 모두 치매에 걸린 할머니들이다. 치매가 걸린 할머니 아르바이트생들은 방금 주문받은 것을 잊어버리곤 한다. 주문과는 다른 메뉴를 가져다주는 실수는 다반사다. 하지만 할머니들은 최선을 다해 일한다. 웃음을 잃지 않고 노력한다. 이 식당은 많은 자원봉사자와 더불어 운영되고 있다. 이 식당을 운영하게 된 취지는 치매 환자들도 사회 구성원의 일부라는 소속감을 주고, 함께하는 공동체 의식을 불어 넣어 주는 데 있다고 한다. 일본에 가면 꼭 한번 가보고 싶은 식당이다.

　치매 할머니에 대해 이해하지 못하는 사람들은 이 식당에 가면 화가 날 것이다. 이 식당을 찾는 모든 사람은 그 모든 것을 이해하기에 자기가 주문한 음식이 나오지 않더라도 행복하게 식사를 한다.

### 이해받았다면 감사하라

　사람들은 이 세상을 살아가면서 수많은 사람과 끊임없이 관계를 맺으며 살아간다. 한 달 동안도 많은 사람을 만나 관계를 맺는다. 특히 직장인들은 직장 안에서 직원들과 늘 관계를 맺고 함께 살아간다. 이 세상에는 관계를 잘하는 사람이 있는가 하면 그렇지 못한 사람도 많다. 좋은 관계를 맺는 데 있어서 가장 중요한 것은 상대를 이해하는 것이다. 그러나 많은 사람이 이해하기보다 오해할 때가 많다. 오해와 이해는 한 글자만 다를 뿐이지만 엄청난 '다름'이다. 오해는 내가 기준이 되는 것이고 이해는 상대가 기준이 된다. 오해는 불신을 낳지만, 이해는 신뢰를 낳는다. 오해는 벽을 만들지만, 이해는 서로 소통할 수 있는 문을 만든다. 오해는 불통의 시작이 되지만 이해는 소통의 시작이 된다. 한 달을 살면서 다른 사람에게 이해받은 일이 있다면 감사해야 한다. 직장생활하면서 직원들 사이에 오해가 아니라 이해받았다면 감사하라.

### 이해는 아름다움의 시작이다

정용철의 《희망의 편지》에 이런 글이 있다.

"'인간이 가장 두려워하는 건 이해가 안 되는 존재'라는 말입니다. 사람들은 이해를 가볍게 여기는 경향이 있지만, 이해한다는 것은 서로간의 관계뿐 아니라 우리의 삶에서 매우 중요한 의미를 지닙니다. '이해한다'는 말은 작은 말인 것 같지만 '사랑한다'는 말보다 더 크게 다가올 때도 많습니다.

사랑해도 하나 되기가 어렵지만 이해하면 누구나 쉽게 하나가 될 수 있기 때문입니다. '이해'라는 단어는 폭이 넓고 깊어 나이가 들어야만 자주 사용할 수 있는 단어입니다. 우리는 이해되지 않는 사람 때문에 너무나 많은 에너지를 소모하고 있습니다. 생각의 폭을 넓히고 다양성을 인정하면 더 많은 사람과 사물과 사연을 이해할 수 있습니다. '이해'는 아름다움의 시작입니다."

이해는 소통의 시작이자 아름다움의 시작이다. 하지만 이해한다는 것은 생각보다 쉽지는 않다. 상대를 바라보는 시선이 바뀌지 않으면 이해하기 어렵다. 사건이 아니라 사람을 바라보아야 한다. 사건 보다 더 중요한 것은 사람이다. 사건에 초점을 맞추면 인격적인 사람이 비인격적인 존재로 전락한다. 그리고 나의 기준을 내려놓고 상대방의 입장에서 생각해야 한다.

### 이해는 상대의 입장에서 생각하는 것이다

예전에 나를 가끔 찾아오는 슬기라는 지체장애인 청년이 있었다. 나를 만날 때마다 슬기가 꼭 하는 말이 있었다. "목사님, 슬기 장애인

맞아요? 목사님은 슬기 이해해요?" "그럼 목사님은 슬기를 이해하지" 슬기는 다른 사람들이 자신을 이해하지 못하고 있다고 생각하고 있었던 것이다. 비장애인들이 장애인인 슬기에 대해 자신들이 가지고 있는 기준을 내려놓지 않는 이상 이해할 수는 없는 것은 당연하다. 장애인의 입장을 먼저 생각하지 않으면 이해할 수 없다.

소통 전문가 김창옥 교수의 《유쾌한 소통의 법칙 67》에는 이런 이야기가 나온다. 여섯 살 정도로 보이는 남자아이와 아빠가 지하철에 탔다. 아이는 지하철 여기저기를 오가며 장난을 쳤다. 심지어 좌석에 올라서서 폴짝거리며 뛰기까지 했다. 다른 승객들은 아이와 그 아빠를 번갈아 쳐다보며 혀를 끌끌 차거나 눈살을 찌푸렸다. 아이의 장난이 길어질수록 사람들의 원성은 높아만 갔다. 이런 상황을 전혀 개의치 않는 듯 아이의 아빠는 표정 하나 변하지 않고 그저 묵묵히 앉아만 있었다. 이것을 보다 못한 한 노인이 아이의 아빠에게 이렇게 말했다. "저, 이보시오, 젊은 양반, 아이가 공공장소에 저렇게 심하게 장난을 치면 아빠가 말려야 하는 것 아니오?" 그제야 아이의 아빠는 "아, 죄송합니다. 정말 죄송합니다."하면서 고개를 조아렸다. 그리고는 말을 이렇게 이어갔다. "사실, 제가 지금 애 엄마를 하늘나라로 보내고 오는 길입니다. 엄마도 없이 저 어린 것을 어떻게 키울까 걱정에 빠진 나머지 미처 아이의 행동을 살피지 못했습니다. 정말 죄송합니다." 아빠는 서둘러 자리에서 일어나 아이의 행동을 저지했다. 아이는 제 아빠 옆에 앉는 듯싶더니 이내 자리에서 일어나 봉을 잡고 빙빙 돌며 다시 장난을 치기 시작했다. 이제는 승객 중 그 누구도 아이의 행동에 대해 더 이상 혀를 차거나 눈살을 찌푸리지 않았다. 상황은 달라지지 않았다. 상대의 입장에서 생각해 보니 자연스럽게 이해가 되었다. 정신 줄을 놓고 있는 아빠도 이해되고 엄마가 하늘나라 간지 모르는 채 노는 아이가 측은해 보인다.

안타까운 것은 많은 사람이 상대방을 이해하기보다 자기주장만을 펼치려고 한다는 사실이다. 자기에 대해서는 관대하고 남에게는 철저하다. 그리스도인은 남에 대해서 관대해야 하고 자기에 대해서는 철저해야 한다. 내 주장을 펼치기 전에 상대방을 먼저 이해하려는 노력이 먼저라는 것이다. 김수환 추기경이 이런 말을 했다.

"우리는 자기 단점을 남이 이해해 주기를 기대하면서도 남의 단점을 이해보다 지적하고 비판하려고 합니다. 받아주고 용서할 줄 모릅니다. 그릇을 깨도 자기가 깼을 때는 변명할 이유가 있는데, 남이 깼을 때는 무조건 잘못한 것으로 마음의 판정부터 내립니다."

### 하나님은 인간을 이해하셨다

하나님은 우리가 자신을 이해할 수 있도록 제한해 주셨다고 서울여대 장경철 교수는 《흔적신학》에서 이야기하고 있다.

"하나님의 계시, 말씀과 행위는 모두가 하나님께서 자신을 제한하셨기에 가능한 것이다. 하나님께서 그냥 당신의 방식대로 자신을 계시하시고, 자신의 언어대로 말씀하신다면 우리는 그분의 말씀을 알아들을 수 없을 것이다. 하나님이 큰 우레 이상의 소리로써 말씀하신다면 왠지 모르는 두려움은 엄습하겠으나 그것이 무슨 의미인지를 우리는 알지 못할 것이다. 하지만 우리는 하나님의 말씀을 들을 수 있다. 이는 하나님께서 당신의 말씀을 우리의 청각 주파수에 맞춰 주시고, 우리의 언어에 따라서 이해하도록 자신을 제한해 주셨기 때문이다. 만약에 하나님의 자기 제한이 없었다면 우리는 단 한 글자, 한 음성도 이해할 수 없을 것이다. 우리에게 있어서 그토록 위대한 사역도 하나님 편에서 우리를 위하여 자신을 제한하셨기에 가능한 일이다."

하나님께서 인간을 위해 제한하신 가장 큰 일은 이 땅 가운데 인간의 몸을 입고 오셨다는 것이다. 그분이 예수님이다. 예수님은 인간으로 오셔서 인간이 당해야 하는 고통과 수치와 모욕을 당하셨다. 배신의 아픔도 당하셨다. 우리가 달려 죽어야 할 십자가에서 우리와 자리바꿈을 하셨다. 예수님은 인간을 이해하셨기에 그것을 다 받아들이시고 십자가에서 죽기까지 하셨다. 예수님은 우리를 너무나 사랑하시기에 기꺼이 이해해 주셨다. 예수님께서 말씀하신 황금률을 의역하면 다음과 같다.

"너희가 이 땅에서 살면서 누군가 너희를 이해하고 알아주기를 원하느냐 그러면 네가 먼저 다른 사람을 이해하고 알아주어라. 그것이 먼저니라"(마7:12)

예수님께서 우리를 이해해 주심에 감사해야 한다. 다른 사람이 나를 이해해준 것에 대해 감사해야 한다. 또한, 내가 다른 사람을 이해할 수 있음에 감사해야 한다.

# 나눌 수 있음을 감사하라

**마윈의 경영철학**

2019년 미국의 경제잡지인 포브스(Forbes)의 '올해의 경영인'으로 알리바바의 창업자인 마윈(Jack Ma) 전 회장이 선정되었다. 그는 무일푼에서 시작하여 15년 만에 160조 원의 세계 최대 온라인 쇼핑몰 알리바바 그룹을 만들어냈다. 포브스는 마윈의 외모를 이렇게 묘사했다. "툭 튀어나온 광대뼈와 곱슬머리를 가졌으며, 1m 62cm의 작은 키에 몸무게도 45kg 정도 밖에는 나가지 않는, 개구쟁이처럼 이를 드러내며 웃는 소년 같다" 마윈은 정말 외적으로 보면 볼품이 없는 사람이다. 얼짱하고는 거리가 멀어도 한 참 멀다.

마윈은 20여 년 전만 해도 월급 89위안(한화 약 1만 5천 원) 정도 받았다. 그는 가난한 대학 영어 강사였다. 1995년 알리바바를 창업하기 전 그는 이렇게 고백했다. "나는 입대도 거부당하고 경찰 모집에서도 떨어졌다. KFC와 호텔 입사 시험에도 모두 실패했고, 취업에서 삼십 번 넘게 낙방했다. 더 거슬러 올라가면 대학에 두 번이나 떨어진 삼수생이었고, 어린 시절엔 그저 영어를 공부할 목적으로 아침마다 집에서 45분이나 자전거를 타고 가 호텔의 외국인 고객에게 무료 여행가이드를 해주던 항저우의 꿈 많은 소년이었다." 이런 어려운 과정을 거치면서 마윈은 인생을 배우게 된다. 이런 힘든 경험을 통해서 가장 크게 깨달은 인생의 지혜 중의 하나는 크게 성공하려면 다른 이들에게 먼저 이익을 주어야 한다는 것이다. 그래서 마윈은 경영철학을 '고객과 직원을 이롭게 하고 남을 도와야 한다'로 정했다.

### 받는 행복보다 나누는 행복이 크다

미국에 자포스(Zappos)라는 회사가 있다. 자포스는 10년 만에 세계 최대의 온라인 신발 쇼핑몰로 성장한 회사이다. 자포스는 어떻게 하면 고객과 직원 모두가 행복할 수 있을지를 연구하는 회사다. 행복을 만들고 전하는 것을 가장 큰 목표로 삼고 있는 회사다. 이 회사 직원들은 매일 아침 눈을 뜨면 회사 갈 생각에 가슴이 설렌다고 한다. 자포스가 어떤 회사인지를 잘 알려주는 글이 있다.

"나는 얼마 전, 몸이 아픈 어머니를 위해 자포스에서 신발을 구입했다. 그런데 머지않아 어머니의 병세가 악화되어 돌아가셨다. 얼마 뒤, 뒷정리로 분주할 때 자포스로부터 한 통의 메일을 받았다. 구입한 신발이 잘 맞는지, 마음에 드는지 묻는 메일이었다. 상실감에 빠져 있던 나는 겨우 정신을 차리고 답장을 보냈다. "병든 어머니에게 드리기 위해 구두를 샀던 것인데 어머니가 그만 돌아가셨습니다. 너무나 갑작스런 일이라 구두를 반품할 기회를 놓쳤네요. 그렇지만 이제 어머니가 안 계시니 이 구두는 꼭 반품을 하고 싶습니다. 조금만 기다려주시면 안 될까요?" 그러자 곧바로 자포스에서 답장을 보내왔다. 택배 직원을 우리 집으로 보내 반품 처리를 해주겠다며 걱정하지 말라는 내용이었다. 또한, 그 다음날 나는 한 다발의 꽃과 카드를 받았다. 어머니를 잃고 슬픔에 빠진 나를 위로해주기 위한 자포스의 선물이었던 것이다. "감동 때문에 눈물이 멈추지 않습니다. 제가 다른 사람의 친절에 약하긴 하지만, 지금까지 받아본 친절 중에서 가장 감동적인 것이었어요. 혹시 인터넷에서 신발을 사려고 하신다면 자포스를 적극 추천합니다."

되는 기업은 되는 이유가 있고 안 되는 기업은 안 되는 이유가 있다. 고객을 먼저 생각하고 고객을 행복하게 만드는 기업은 성공할 수밖에 없다. 기업뿐이겠는가? 사람도 마찬가지다. 사람들은 받는 것이 많아야 행복할 것으로 생각한다. 물론 받는 행복도 크다. 하지만 나누는 행복에 비할 수 없다.

### 나누는 삶은 예배다

"오직 선을 행함과 서로 나누어 주기를 잊지 말라 하나님은 이 같은 제사를 기뻐하시느니라"(히13:16)

히브리서 기자는 선을 행하고 나누는 삶이 하나님께서 기뻐하시는 제사라고 말한다. 많은 그리스도인은 교회 안에서 드리는 예배 만을 예배라고 생각하는 경우가 많다. 하지만 다른 사람에게 선을 베풀고 내가 가지고 있는 것을 나누는 삶 자체가 예배다. 곧 하나님께서는 우리의 예배가 교회 안에서의 예배로 그치는 것이 아니라 삶의 예배로 연결되어야 함을 말씀해주고 있다.

벳새다 광야에서 한 소년은 자신의 도시락인 물고기 두 마리와 보리떡 다섯 개를 주님의 손에 올려 드렸다. 어떤 일이 일어났는가? 그 자리에 남자만 오천 명이 있었으니 적어도 만 명 이상의 사람들이 다 배불리 먹고 12광주리가 남는 기적이 일어났다. 물고기 두 마리와 보리떡 다섯 개는 소년 혼자 먹을 수 있을 정도의 도시락이었다. 하지만 함께 나누려고 내놓았을 때, 다른 사람뿐 아니라 자신도 더 배불리 먹을 수 있었다. 다른 사람이 맛볼 수 없는 진정한 행복을 기적의 현장 가운데서 맛볼 수 있었다. 곧 소년은 그 자리에서 하나님 앞에서 기쁨의 예배를 온전히 올려 드렸다. 한 달을 살면서 나누는 삶을 살았다면 감사해야 한다. 그 삶의 예배를 하나님께서 기뻐 받으셨기 때문이다.

'공수래공수거(空手來空手去)'라는 말이 있다. 사람은 빈손으로 왔다가 빈손으로 가게 된다는 것이다. 사람들은 이 사실을 잊고 살아간다. 하지만 아무리 잊고 살아간다고 해도 결국 이 세상을 떠날 때 모든 것을 다 내려놓고 가야 한다. 가지고 갈 수 있는 것은 아무것도 없다. 그러므로 늘 빈손으로 사는 연습을 해야 한다. 우리는 태어나서 처음 어머니의 손을 잡을 때도 빈손이었고 죽은 이후에 빈손으로 주님의 손을 잡게 된다. 이 세상을 살아가면서 누군가의 손을 잡기 위해서는 빈손이 돼야 한다. 내게 있는 것을 나누어야 한다. '사랑은 참으로 버리는 것'이라는 복음찬송가가 있다.

> "사랑은 참으로 버리는 것, 버리는 것, 더 가지지 않는 것
> 이상하다 동전 한 닢 움켜잡으면 없어지고
> 쓰고 빌려주면 풍성해져 땅 위에 가득하네
> 오! 사랑은 참으로 버리는 것 더 가지지 않는 것"

잠언 11장 24절, 25절에서도 이렇게 말씀한다.

> "흩어 구제하여도 더욱 부하게 되는 일이 있나니 과도히 아껴도 가난하게 될 뿐이니라 구제를 좋아하는 자는 풍족하여질 것이요 남을 윤택하게 하는 자는 자기도 윤택하여지리라"(잠11:24-25)

사람들은 나누면 내 삶이 더 어려워질 것이라고 생각을 한다. 이것은 착각이다. 움켜잡으면 더 풍성해지고 행복할 것 같지만 전혀 그렇지 않다. 나눌 때 더 풍성하고 행복해진다. 감사하게 된다. 예수님께서는 주는 것이 받는 것보다 복되다고 말씀하셨다.

**우리는 청지기다**

예수님께서는 십자가 위에서 우리를 위해 피 한 방울, 물 한 방울까지 다 흘려주셨다. 예수님의 생명을 우리에게 나누어 주셨다. 그렇다면 우리도 나누며 사는 것이 당연하다.

나누는 것은 생각보다 쉽지 않다. 나누는 것은 당연한 일인데 왜 나누지 못하는 것일까? 내 것이라고 생각하기 때문이다. 내가 피땀 흘려 번 돈이라고 생각하기 때문이다. 하나님의 자녀들은 내가 가지고 있는 것이 내 것이 아니라는 것을 분명히 인식해야 한다. 성경은 우리에게 청지기임을 분명하게 말씀한다. 청지기가 주인처럼 행세할 수 있지만, 엄연히 주인은 따로 있다. 주인의 것을 자신이 맡고 있다고 해서 그것이 내 것인 것처럼 착각해서는 안 된다는 말이다. 청지기가 제일 명심해야 하는 사실이 이것이다.

내 것이라고 생각하면 나누기가 힘들다. 아깝다는 생각이 들기 때문이다. 하지만 하나님께서 나에게 주신 것을 나눈다고 생각하면 우리는 기쁨으로 나눌 수 있게 된다. 청지기의식을 가지고 살면 감사한 마음으로 나눌 수 있다. 다윗은 하나님의 성전을 짓는데 봉헌물을 드리면서 이렇게 고백했다.

"나와 내 백성이 무엇이기에 이처럼 즐거운 마음으로 드릴 힘이 있었나이까 모든 것이 주께로 말미암았사오니 우리가 주의 손에서 받은 것으로 주께 드렸을 뿐이니이다"(대상29:14)

다윗은 모든 것이 하나님께서 주신 것임을 알고 있었다. 하나님께서 주셨기 때문에 많은 예물을 드리면서 하나님께 돌려 드렸을 뿐이라고 고백한다. 우리에게 이런 청지기의 자세가 있을 때 즐거운 마음으로 나눌 수 있다.

### 그리스도인이 중요하게 나누어야 할 것은 복음이다

우리는 나눈다고 생각하면 단순히 물질적인 나눔만을 생각할 때가 많다. 물론 소외되고 어려운 이웃들과 물질을 나누고 도와야 한다. 하지만 '나눔'은 훨씬 폭이 넓다. 이웃을 향해 따뜻한 말, 격려의 말, 위로의 말 한마디 하는 것도 나누는 것이다. 우리에게 있는 재능으로 이웃을 돕는 것도 나누는 것이다. 이웃을 위해서 기도하는 것도 나누는 것이다. 이웃과 슬픔을 함께하고 기쁨을 함께하는 것도 나누는 것이다. 이렇게 많은 것을 나누고 함께 누릴 수 있지만, 그리스도인들이 이웃과 나누어야 할 가장 중요한 것은 복음이다. 우리가 가진 것을 나눔으로 인해 그리스도의 사랑을 전해야 하고 복음을 나눔으로 인해 저들의 생명을 살려야 한다. 하나님께서 이 땅 가운데 교회를 세우신 근본적인 목적은 죽어가는 생명을 살려내기 위함이다. 우리를 먼저 예수 믿게 하신 것은 복음을 알지 못하는 사람들에게 복음을 나누라는 것이다.

여운이라는 분이 쓴 《최고의 선물》에 이런 글이 있다.

"이 세상에 나누지 못할 만큼 가난은 없다. 행복을 위해 양손에 더 많은 것을 움켜쥐는 것도 좋지만 한 손쯤은 남을 위해 비울 줄도 알아야 한다. 나누고 난 빈손엔 더 큰 행복이 채워진다. 움켜쥔 손은 누군가에게 빼앗길 수도 있지만, 빈손은 아무도 빼앗을 수 없다. 세상에서 가장 크고 따뜻한 손은 빈손이다."

한 달을 사는 동안 나눔으로 인해 내 손이 빈손이 되었다면 감사하라. 그 손이 따뜻한 손이기 때문이다. 그 빈손에 더 큰 행복이 채워지기 때문이다.

# 고독을 감사하라

**함께 하기보다 혼자 있기가 먼저다**

영국 최고 정신분석의 중 한 사람인 앤서니 스토(Anthony Storr)는 사람은 전혀 다른 두 가지 충동을 느낀다고 한다. 첫째, 누군가와 만나고 사랑하며 함께 하고 싶다는 충동이다. 둘째, 홀로 독자적인 삶을 살아가고 싶은 충동이다. 대부분 사람은 첫 번째 충동에 이끌려 사는 것 같다. 많은 현대인이 혼자 있는 것을 힘들어하는 것을 보면 말이다. 혼자 식당에 가서 밥을 못 먹는 사람들이 많다. 혼자서는 영화 보러 못 가는 사람들도 있다. 여행도 혼자 가는 것을 싫어한다. 어쩌면 가족, 친구, 동료, 이웃들과 관계를 맺으며 사는 것은 결국 혼자 있지 않기 위해서

이다.

더불어 사는 것은 좋은 것이고 마땅히 그렇게 살아야 한다. 하지만 사람은 다른 사람과 함께 하기 전에 혼자 있기를 먼저 해야 한다. 헨리 나우웬(Henri Nouwen)은 "고독이 먼저이고 공동체가 다음이고 사역은 나중이다"라고 말했다.

### 외로움과 고독의 차이

외로움과 고독은 차이가 있다. 신학자 폴틸리히(Paul Tillich)는 이렇게 말한다.

> "외로움이란 혼자 있는 고통을 표현하기 위한 말이고, 고독은 혼자 있는 즐거움을 표현하기 위한 말이다."

외로움은 내가 원하지 않아도 찾아오는 것이기에 고통스럽고 두렵기만 하다. 고독은 내가 원해서 스스로 만들어내는 것이기에 즐겁다. 외로움은 외부적인 요소이고 고독은 내면적인 요소이다. 외로움은 수동태이고 고독은 능동태다. 나는 혼자 있고 싶지 않은데 어쩔 수 없이 혼자 있는 상태가 외로움이고 내가 스스로 혼자 있고 싶어서 외부를 차단하고 혼자 있는 상태가 고독이다. 그래서 보통 외로움을 표현할 때는 '외로움에 시달린다'라고 하고 고독을 표현할 때는 '고독을 씹는다. 고독을 즐긴다'라고 한다. 채운의 《철학을 담은 그림》에 이런 글이 있다.

> "'자신을 위한 삶'을 살고자 한다면 우리는 충분히 고독해져야 합니다. 외로움이 아니라 고독이 필요합니다. 외로움은 타인으로부터 차단당하는 데서 느껴지는 수동적인 감정이지만, 고독은 스스로에게 침잠하는 자발적이고 능동적인 '떠남'입니다. 무엇으로부터 떠나는 것일까요? 자기 시대의 기준으로부터, 타인의 평가로부터, 그리고 자신에 대한 환상으로부터! 주위의 소란스러움, 즉 자신에 대한 자타의 규정으로부터 떠나 자신에게 내재한 '미지의 영역'을 거니는 것, 그것이 바로 고독입니다. 자신을 만나는 시간이지요."

### 고독은 유쾌한 시간이다

안용태는 《유쾌한 고독》에서 고독은 나를 만날 수 있는 유쾌한 시간이라고 말한다.

"자신과 좋은 관계를 맺기 위해선 나 자신을 돌아보고 보듬을 수 있는 절대 시간이 필요하다. 혼자만의 시간, 잠시 멈추는 시간, 자신에게 질문을 던지는 시간, 나를 기다려주는 시간까지. 이것은 자신과 관계를 맺는 고독의 시간이다. 쓸쓸한 시간이 아니라 나를 만날 수 있는 유쾌한 시간이다."

사람이 살아가는 인생 자체가 관계이기 때문에 분명히 다른 사람을 만나야 하고 좋은 관계를 맺어야 한다. 하지만 우정도 연애도 모임도 지나치면 독이 된다. 우리는 혼자만의 시간을 가져야 한다. 혼자만의 시간은 외로움의 시간이 아니라 고독의 시간이 돼야 한다. 유쾌한 시간이 돼야 한다.

### 고독은 삶을 조율하는 시간이다

고독은 나의 삶을 조율하는 시간이다. 가수이자 배우인 김창완은 《안녕, 나의 모든 하루》에서 조율에 대해 이렇게 말했다.

"악기는 며칠만 그냥 두면 소리가 뒤틀어집니다. 튜닝이 흐트러지지요. 그럼 다시 조율을 해줘야 합니다. 오늘도 기타를 매만지다 그런 생각을 했습니다. 우리는 참 일상을 조율

없이 사는구나, 하구요. 조율이 안 된 기타를 쳐도 그냥저냥 소리야 나지요. 하지만 투명하고 맑은소리는 아닙니다. 울림이 느껴지지 않고 감동이 전해지지 않아요. 일상도 악기와 같습니다. 튜닝이 흐트러지지 않게 조율을 해야 합니다. 가장 아름다운 소리가 날 수 있도록 준비하는 거지요."

악기에 조율이 필요하듯이 우리의 삶도 조율이 필요하다. 시간이 가는대로 되는대로 살면 안 된다는 의미이다. 고독을 통해 조율하는 시간을 가져야 한다. 조율이 제대로 되지 않으면 시끄러운 소리가 난다. 아무리 아름다운 연주자라고 할지라도 조율되지 않는 악기로는 아름다운 소리를 낼 수가 없다. 나의 삶의 악기가 제대로 조율이 될 때 가장 아름다운 음악이 된다.

### 고독은 성장의 시간이다

예순의 나이에 스페인 산티아고 순례길을 걸은 후 《느긋하게 걸어라》라는 순례기를 펴낸 조이스 럽(Joyce Rupp) 수녀는 홀로 있으려고 노력하는 시기를 '인생의 자궁기'라고 했다. 아기의 생명은 어머니의 어둡고 밀폐된 자궁 속에서 홀로 형성된다. 그처럼 우리의 영혼 또한 고독한 시간을 통해 형성된다는 것이다.

일본 메이지대학교에 사이토 다카시(Saito Takashi) 교수가 있다. 이분은 교수일 뿐만이 아니라 지식과 실용을 결합한 새로운 스타일의 글로 일본과 한국의 300만 독자를 사로잡은 베스트셀러 작가기도 하다. 지금도 많은 책을 집필하고 있다. TV와 강연을 통해 대중과 끊임없이 소통하는 일본의 최고의 교육전문가이자 CEO이다. 사이토 다카시 교수는 《혼자 있는 시간의 힘》에서 오늘의 자신을 있게 한 것은 혼자 있는 시간이었다고 말한다.

그는 대입에 실패한 열여덟 살부터 첫 직장을 얻은 서른 두 살까지 철저히 혼자였다. 친구도, 직업도 없었다. 혼자 있는 시간 동안 스스로를 냉정하게 들여다보고, 목표한 것을 현실로 이루기 위해 공부에 몰입했다. 누구도 알아주지 않았지만, 묵묵히 쌓아온 내공이 지금의 그를 만들었다. 사이토 다카시 교수는 꿈을 이루고 목표를 향해 나아가기 위해서는 누구에게나 고독의 시간이 필요하다고 말한다.

사이토 다카시 교수뿐 아니라 시대를 앞서가는 리더들의 특징은 자기 성장을 위한 고독의 시간을 가진다는 것이다. 천재는 태어나는 것이 아니라 만들어지는 것이라고 말한다. 곧 태어날 때부터 천재가 있는 것이 아니라 자기 성장을 위해 고독의 시간을 가진 사람이 결국 천재가 된다는 것이다. 성장의 기쁨은 무엇과도 비교할 수 없는 큰 기쁨이다.

고독의 시간은 철저히 자기를 돌아보는 시간이다. 나의 존재의 가치를 돌아보는 시간이다. 내가 어디까지 왔는가를 돌아보는 시간이다. 혼자 있는 시간을 외로움으로 보낸 사람은 감사할 수 없다. 따라서 한 달을 사는 동안 고독의 시간이 있었다면 감사해야 한다.

### 고독은 기도하는 시간이다

요한복음 6장에 보면 오병이어 기적을 경험한 무리는 예수님을 임금으로 삼으려고 소란을 피운다. 당시 로마의 지배 아래에 있는 이스라엘 백성들은 늘 먹을 것이 부족했다. 그런데 오병이어의 기적을 일으키시는 이런 분이 임금이 된다면 먹는 문제는 해결되는 것이다. 또한, 이러한 기적을 행하시는 예수님이시라면 로마에 대항할 수 있는 임금이 될 수 있다고 생각했다. 이런 소란 가운데 예수님은 어떻게 하시는가? 무리를 각자의 집으로 보내신다. 무리를 보내는 동안 예수님은 제자들을 재촉해서 배를 태워 건너편으로 보내신다. 그리고 주님은 홀로 산으로 올라가신다.

온종일 사역을 감당하시느라 피곤하실 텐데 왜 홀로 산으로 올라가

셨는가? 기도하기 위해서다. 예수님은 하나님을 만나기 위해서 홀로 기도하는 시간을 가지셨다. 고독의 시간이 필요한 것은 하나님과 기도하기 위해서이다. 하나님의 자녀들은 하나님과 기도하기 위해서도 고독의 시간을 가져야 한다. 무리를 떠나 조용히 하나님과 교제를 나누어야 한다. 사랑을 나누어야 한다. 방송작가인 송정림은 '고독하다는 것은 사랑할 준비가 되어 있다는 뜻'이라고 말했다. 고독의 시간은 하나님과 사랑을 나눌 준비를 하는 시간이다.

### 홀로 서야 함께 설 수 있다

사람은 홀로 설 수 있어야 함께 설 수 있다. 겨울 숲에 가보면 잎을 다 떨군 나무들이 적당히 거리를 두고 홀로 서 있으면서 동시에 함께 숲을 이루고 있는 것을 볼 수 있다. 나무가 각각 홀로서기를 하지 않으면 아름다운 숲이 이루어질 수가 없다.

기타의 줄은 여섯 줄이다. 각 줄이 제 음을 잘 내야만 아름다운 소리를 낼 수 있다. 어느 한 줄이라도 제 음을 내지 못하면 기타는 이상한 소리가 날 수밖에 없다. 가정도 직장도 교회도 마찬가지다. 자신의 자리에서 홀로서기가 제대로 되어야 아름다운 숲을 만들 수 있다. 아름다운 공동체를 만들 수 있다.

사람의 인생은 혼자 있는 시간을 어떻게 보내느냐에 따라 결정된다고 해도 과언이 아니다. 혼자 있는 시간을 외로움이 아닌 고독의 시간으로 보내야 한다. 한 달의 시간을 고독의 시간으로 보냈다면 감사해야 한다. 결코 헛된 시간이 아니다. 나를 돌아보는 시간이었고 나의 성장의 시간이었기 때문이다. 하나님과 기도하는 시간이었고 조율하는 시간이었기 때문이다.

# 격려를 감사하라

**칭찬은 고래도 춤추게 한다**

대한민국에 '칭찬 열풍'을 불러일으킨《칭찬은 고래도 춤추게 한다》라는 밀리언셀러가 있다. 저자는 가족들과 함께 안식년을 즐겁게 보내기 위해 샌디에이고로 간다. 그곳에서 제일 먼저 씨월드 해양관을 방문하게 된다. 그 이유는 주변 사람들이 범고래 샴의 쇼를 절대 놓치지 말라고 강력하게 권했기 때문이었다. 저자는 범고래가 바다의 포식자라는 사실을 알고 있었기에 범고래에게 멋진 쇼까지 기대한다는 건 무리라고 생각했다. 그저 범고래가 헤엄을 치는 정도일 거라고 짐작했다. 하지만 쇼가 시작되었을 때 놀라움을 금할 수가 없었다. 그 거대하고 무시무시한 포식자가 조련사의 지시에 따라 점프를 하고 멋진 모습으로 묘기를 펼쳤다. 눈으로 보고도 믿기지 않았다. 그 모습을 지켜보고 있던 그는 조련사가 범고래를 어떻게 훈련 시켰는지가 궁금해져 물어보았다. 훈련의 비결은 바로 칭찬이었다. '칭찬'은 바다의 포식자인 범고래도 춤추게 할 만큼 '큰 힘'이었다.

미국의 유명한 소설가 마크 트웨인(Mark Twain)은 "삶의 원동력은 격려에 있다. 사람은 한 번의 칭찬과 격려로 2주 동안 넉넉히 살 수 있다."라고 했다. 아무리 힘들고 어려워도 칭찬과 격려가 있으면 어려움을 이겨 낼 수 있다.

### 칭찬보다 격려하라

칭찬과 격려는 차이가 있다. 칭찬이란, 잘했을 때 성공을 했을 때 주어지는 것이라면 격려는 오히려 실패해서 넘어졌을 때 주어진다. 칭찬이 상대방에게 보상감을 심어주는 것이라면 격려는 있는 그대로 상대방을 인정해 주는 것이다. 칭찬이 '행위나 일의 결과'에 초점이 맞추어져 있다면 격려는 그 일을 행한 '사람'에게 초점을 맞춘다. 칭찬은 언제나 '더 잘해야지' 하는 강박관념을 심어줄 수 있지만, 격려는 있는 그대로 자신이 인정되고 있다는 신뢰와 믿음을 자리 잡게 해준다. 이런 이유로 칭찬이 필요하지만, 격려는 더더욱 필요하다. 아무것도 아닌 것 같은 따뜻한 격려의 말 한마디가 사람을 세우기 때문이다.

격려는 영어로 'encouragement'이다. 이 단어는 '격려'라는 의미로 쓰이지만 '용기'라는 의미로도 사용이 된다. 곧 격려는 다른 사람에게 용기를 북돋우어 주는 것이다. 힘들고 지쳐 있을 때 누군가에게 용기를 불어넣어 주는 한마디 말만 들어도 다시 힘이 생긴다. 그리고 라틴어로 격려라는 단어는 '심장'이라는 뜻이 있다. 문자 그대로 해석하자면 심장을 주는 것이 곧 격려다. 즉, 격려에는 그 사람을 향한 사랑이 담겨 있음을 의미한다. 나의 사랑이 담긴 뜨거운 심장을 줄 때 다시 일어설 수 있다는 것이다.

### 격려는 사람을 세운다

이 세상에는 격려를 통해서 사람을 세우려고 하는 사람이 있는가 하면 비판을 통해서 사람을 세우려고 하는 사람이 있다. 물론 비판이 필요할 때가 있다. 야단을 쳐야 할 때가 분명히 있다. 하지만 비판하고 야단을 쳐서 변화되는 사람은 그렇게 많지 않다. 조정민 목사의 《사람이 선물이다》에 보면 이런 글귀가 있다.

"'비판한다. 고로 나는 존재한다' 혼자 그렇게 살 수 있습니다. '격려한다. 고로 나는 존재한다' 그러면 둘 다 웃으면서 살 수 있습니다. 비판으로 세워진 사람보다 격려로 세워진 사람들이 훨씬 많습니다."

미국의 시인 롱펠로(Henry Wadsworth Longfellow)는 비평가를 가리켜 나무 그늘이나 열매를 즐기기보다 벌레 구멍을 찾는 데 혈안이 되어있는 사람들이라고 말했다. 벌레를 잡아주는 것만으로는 나무가 자라지 않는다. 나무를 자라게 하는 것은 기본적으로 햇빛과 영양분이다. 사람을 자라게 하고 세워주는 햇빛과 영양분이 곧 격려이다.

### 격려는 모든 사람에게 필요하다

이 세상에 격려가 필요 없는 사람은 없다. 격려는 어떤 계층이나 연령대에만 필요한 것이 아니다. 격려는 부자, 가난한 자, 아이, 어른, 모두에게 필요하다. 직원에게도 필요하지만 사장에게도 필요하다. 국민에게도 필요하지만, 대통령에게도 필요하다.

미국 국회도서관 당국은 오랫동안 공개하지 않았던 상자를 공개했다. 그 상자는 에이브러햄 링컨(Abraham Lincoln)이 암살당한 1865년 4월

14일 밤에 링컨 대통령의 주머니에 들어 있었던 물품을 담아 놓은 상자였다. '상자 속에 무엇이 들어있을까?' 하는 궁금증은 대통령이 암살당한 이후 계속됐다. 물품 상자의 공개를 책임 맡았던 다니엘 부어스틴(Daniel Boorstin) 박사는 수많은 카메라의 조명을 받으며 상자 속의 내용물들을 하나하나 끄집어냈다. 상자 속에서는 다섯 가지 물품이 담겨 있었다. 첫째, 'A. 링컨'이라고 수를 놓은 손수건. 둘째, 펜을 수리할 때 사용하는 소형 칼. 셋째, 실로 묶어서 고쳐 놓은 안경집. 넷째, 5달러 지폐 한 장이 든 지갑이다. 마지막으로 신문기사를 스크랩한 낡은 종이 몇 장이 들어있었다. 이것이 링컨이 암살당하던 날 주머니 속에 넣고 있었던 물건들 전부였다.

상자를 둘러선 사람들은 무엇보다도 링컨의 유품 가운데 몇 장의 스크랩 된 신문기사의 내용에 관심이 쏠렸다. '도대체 어떤 신문기사길래 링컨이 가지고 다녔을까?'라는 궁금증으로 가득했다. 그 내용은 다름이 아니라 에이브러햄 링컨을 '역사상 가장 위대한 인물 가운데 한 분'이라고 언급한 존 브라이트(John Bright)의 연설문이었다. 지금은 거의 모든 미국인이 링컨을 가장 위대한 대통령으로 꼽고 있지만, 당시에는 많은 사람이 링컨 대통령을 반대하고 있었다.

실제 링컨 대통령처럼 미국 역사상 생전에 그렇게 많은 논란과 시비의 표적이 된 대통령도 없다. 남부 사람들은 자신들이 뽑아준 것을 기억하지 못하는 배신자라고 비난했고, 북부 사람들은 분리주의적인 행동을 엄단하겠다는 링컨을 몹시 싫어했다. 이렇듯 그를 비난하는 사람들로 인해 링컨은 고통의 나날들을 보냈다. 그래서 자신을 칭찬한 존 브라이트의 연설은 그에게 큰 격려와 힘이 되었을 것이다. 어쩌면 힘들 때마다 링컨은 그 내용을 보면서 용기를 얻었을 것이다. 격려의 한 마디가 링컨을 위대한 대통령으로 만들었다고 해도 지나친 과장은 아니다.

### 하나님의 격려는 가장 큰 힘이다

하나님은 하나님의 자녀들을 격려하기 원하신다. 때로 책망도 하시지만, 격려가 필요할 때 격려해주신다. 사람의 격려도 큰 힘이 되지만 하나님의 격려는 더 큰 힘이 된다.

야곱은 형 에서에게 주어지는 장자의 축복을 가로채 살기 위해서 브엘세바를 떠나 삼촌 라반이 있는 하란을 향한다. 브엘세바에서 하란까지 거리는 약 700Km 정도 된다. 야곱은 지금 한 번도 가보지 않은 먼 거리를 혼자서 가고 있다. 해가 지자 유숙할 곳이 없어 광야에서 돌을 취해서 베개 삼아 누워 잠을 청한다. 이제 아버지도, 나를 사랑하는 어머니 리브가도, 아무도 곁에 없다. 얼마나 외로웠겠는가? 얼마나 많은 생각과 근심과 염려, 불안이 엄습했겠는가? 형 에서가 당장이라도 쫓아와서 자신을 죽이지는 않을까 하는 공포도 있었을 것이다. 이리저리 뒤척거리다가 결국 잠이 들게 된다. 그때 야곱은 꿈에서 하늘과 맞닿아있는 사닥다리 위로 하나님의 사자들이 오르락내리락하는 것을 보게 된다. 이내 하나님의 음성이 들려온다. 하나님께서는 나는 너의 조상 아브라함의 하나님이요 이삭의 하나님이라고 하시면서 네가 지금 지쳐서 누워있는 땅을 너와 네 자손에게 주겠다고 말씀하신다. 네 자손이 땅의 티끌같이 되게 하고 모든 족속이 너와 네 자손으로 복을 받게 하시겠다고 말씀하신다. 내가 너와 함께 있어 네가 어디로 가든지 너를 지키며 너를 이끌어 이 땅으로 돌아오겠다고 말씀하신다. 내가 네게 허락한 것을 다 이루기까지 너를 떠나지 아니할 것이라고 말씀하신다.(창28:13-15)

인간적으로만 본다면 야곱은 하나님께 이런 말씀을 들을 만한 자격이 없는 사람이다. 야곱은 이삭을 속이고 에서가 받아야 하는 복을 가로챘다. 하나님께서는 리브가가 에서와 야곱을 가졌을 때 큰 자가 어린 자를 섬길 것이라고 말씀하셨다. 그렇다면 하나님께서 일하시도록 지켜보고 있어야 했다. 하지만 리브가와 야곱은 이삭에게 거짓말을 해서 인위적으로 복을 받으려고 했다. 이 정도라면 하나님께서 야곱에게 야단을 치셔야 하는 것이 마땅하지만 오히려 야곱을 격려 해주신다. 야단을 맞아도 한참을 맞아야 할 것 같은 야곱에게 왜 하나님께서 이렇게 힘 있게 격려를 해주는 것일까? 지금 야곱에게 필요한 것은 격려이기 때문이다. 하나님께서는 야곱을 격려하시므로 야곱을 세우고 계신다. 외로움과 두려움에 사로잡혀 있던 야곱은 이 하나님의 격려를 통해서 힘을 얻고 낯선 땅 하란까지 가는 것이다.

### 서로 격려하고 자신도 격려하라

"서로 돌아보아 사랑과 선행을 격려하며"(히10:24)

하나님의 자녀들은 하나님께서 우리를 격려해주시는 것처럼 서로 마음을 같이하고 사랑하고 선한 일을 행하도록 서로 격려해야 한다. 소설가 조지 메튜 애덤스(Geoge Mathew Adams)는 "격려는 영혼에 주는 산소와 같다. 격려받지 못하는 사람에게 훌륭한 일을 해내리라고 기대할 수 없다"라고 했다. 리더십에 관련된 세미나를 25년 이상 지도한 연설가인 플로렌스 리타우어(Florence Littauer)는 "어린나무가 비료를 주지 않아도 말라 죽지 않는 것처럼 우리도 격려 없이 살 수는 있다. 그러나 혼자 방치된 나무처럼 열매를 맺지 못한다"라고 했다. 격려는 사람에게 없어서는 안 되는 산소와 같은 것이다. 격려는 사람을 세우는 힘이다.

한 가지 더 생각해야 하는 부분이 있다. 그것은 다른 사람을 격려하는 것도 중요하지만 가장 먼저는 자신을 격려할 수 있어야 한다는 것이다. 자기 격려란 자기 내면에 잠재한 힘을 끌어내어 전진할 수 있는 동력으로 만드는 능력이다. 단단한 내면세계를 가진 사람만이 자만이 아닌 진정한 자기 격려를 할 수 있다. 자기를 사랑할 줄 모르는 사람은 다른 사람을 사랑할 수가 없다. 예수님께서도 "네 이웃을 네 몸과 같이 사랑하라"고 하셨다. 따라서 자기에게 격려해줄 수 없는 사람은 다른 사람을 격려해 줄 수가 없다.

한 달 동안 자신을 격려해주었다면 감사해야 한다. 하나님께 격려를 받았다면 감사해야 한다. 누군가의 따뜻한 격려를 받았다면 감사해야 한다. 다른 사람을 격려할 수 있었다면 감사해야 한다.

# 여전한 삶을 감사하라

### 포기하지 말아야 한다

한 달은 짧다면 짧고 길다면 길다. 한 달을 잘 살아내면 그렇게 12번만 더 보내면 1년을 살게 된다. 한 달이 일 년 살기를 결정한다. 한 달을 살 때는 하루를 30번 살아야 한다. 만족스럽게 30번을 사는 것은 쉽지 않다. 만족스러운 한 달을 살려면 포기하지 않는 삶이어야 한다. 윈스턴 처칠(Winston Churchill)이 옥스퍼드 대학교 졸업식 연설에서 한 말이 있다.

"Never Give Up"

절대로 포기하면 안 된다. 이렇게 질문하는 사람이 있을 수도 있다. 인생도 아닌 데 한 달 삶을 포기하는 사람이 있는가? 하지만 살면서 힘들면 포기하고 싶을 때가 다반사다. 따라서 한 달이라고 포기하지 않으란 법은 없다. 포기는 한순간에 한다. 만족스러운 한 달을 살려면 포기는 입 밖에도 내지 말아야 한다. 한 달 살기를 포기하면 한 달이라는 시간 자체가 길게 느껴질 것이다. 이에 비해 어떤 사람은 한 달이 금방 간다. 한 달이 금방 가야 신나게 살 수 있다.

내가 아는 젊은이 중에 직장생활을 한 달을 제대로 못 하는 사람이 있었다. 한 달이 길다는 것이다. 한 달이 긴 것은 직장에서 관계를 잘못 하기 때문이다. 그는 직장 상사에게 한마디 듣고 기분 나쁘다고 사표를 던졌다.

한 달은 짧다. 주어진 일을 열심히 하다 보면 한 달은 금방 간다. 지루한 한 달이 아니라 신속한 한 달이 된다. 하루의 삶이나 한 달의 삶, 일 년의 삶이나 평생의 삶, 포기하지 않는 삶을 사는 것이 중요하다. "Give Up"이 아니라 "Never Give Up"으로 살아야 한다. "무슨 일이 일어나도, 나는 절대 포기하지 않는다"라고 말해야 한다.

미국 최고의 스포츠 지도자로 꼽히는 빈스 롬바르디(Vince Lombardi)는 "포기하는 자들은 절대 승리할 수 없고, 승리자들은 절대 포기하지 않는다."라고 말했다. 포기하지 않으면 일 년의 삶을 승리할 수가 있다. 포기하지 않기 때문에 평생의 삶을 승리할 수 있다. 더불어 포기하지 않는 삶은 그럼에도 불구하고 감사하는 삶이다. 이것이 포기하지 않는 삶을 살아야 하는 이유이다.

### 반복에 달려있다

한 달은 30번의 반복이다. 매일 1번씩 30번만 감사를 반복하면 한 달은 감사로 마무리된다. 감사는 30번 반복해야 효과를 드러낸다. 아무리 좋은 정보라도 한 달이 지나면 잊어버리는 것이 정상이다. GE 전 회장, 잭 웰치(Jack Welch)는 "중요한 내용은 열 번 이야기 하지 않으면 말하지 않은 것과 같다"라고 말하면서 반복적으로 말하는 것이 중요하다고 말한다. 중요한 내용을 반복적으로 이야기하듯이, 마찬가지로 감사하는 것도 반복적으로 해야 한다. 30번 반복해 감사하다 보면 습관이 된다. 그 습관은 위대함을 만들어 준다.

제임스 클리어(James Clear)는 《아주 작은 습관의 힘》에서 매일 1퍼센트씩 나아지라고 한다. 매일 1퍼센트씩 돈이 복리로 불어나듯이 반복되면서 그 결과가 곱절로 불어난다. 1년 후에는 약 37배 성장한다. 반복하면 습관이 된다. 곧 반복이 습관을 만드는 지름길이다. 철학자 에

픽테토스(Epictetos)는 "어떤 행동을 더 자주 하고 더 많은 상황에서 할수록 습관으로 발전할 가능성이 크다. 그러니 습관으로 만들고 싶은 행동을 반복해서 하라."고 했다.

습관으로 만들고 싶은 행동을 반복하는 것이 지혜롭게 사는 삶이다. 지금보다 더 나은 미래를 만들고자 한다면 연습하고 반복해야 한다. 습관이란 자동으로 실행될 때까지 여러 번 반복해서 만들어지기 때문이다. 아울러 습관은 시행착오를 반복적으로 겪으면서 형성된다.

'삶'은 하루하루 똑같은 일상의 지루한 반복이다. '감사'도 한 번 두 번 반복을 통해 마음에서 우러나오는 감사를 하게 된다.

프린스턴의 살아 있는 학자라고 불리는 찰스 핫지(Charles Hodge)는 앉아서 신학을 공부하지 않았다. 겸손하게 무릎을 꿇고 연구했다. 그는 하나님의 은총과 영광을 보았고 그것을 자신의 글에 표현했다. 그는 프린스턴 신학교에 무려 46년간이나 교수로 있었다. 약 3천 명의 목사들이 그에게 교육을 받아 장로교회의 목사가 되었다. 그의 경건 생활은 어린 시절부터 시작되었고 나이가 들어감에 따라 더욱 강건해졌다. 그의 경건은 가정에서나 학교, 교회에서나 언제나 동일했으며 변치 않았다. 그는 경건한 사람이었다.

그가 경건한 사람이 될 수 있었던 것은 어머니의 반복된 가르침 덕분이었다. 그의 어머니는 주일마다 자녀들을 데리고 교회에 갔다. 자녀들에게 웨스트민스터 신앙 고백을 몇 번이고 반복해서 가르쳤다. 반복된 신앙고백이 핫지를 경건한 그리스도인이자 신학자로 만들어 주었다. 핫지는 어머니의 영향을 잊지 못하고 다음과 같이 말했다.

"오늘의 내가 있기까지는 무엇보다도 하나님의 도우심이 컸고 어머니와 형, 그리고 내 자신이 절대적 역할을 했다. 어머니는 우리에게 자신의 생명을 쏟아부으셨다. 어머니는 우리를 위해서 기도했고 일했고 고통받으셨다."

어머니의 반복된 신앙훈련이 위대한 신학자를 만들어냈다. 핫지는 많은 글을 통해 경건한 그리스도인들에게 그리스도의 보물들을 나누어 주었다. 그는 마지막 눈을 감으며 조용하게 말했다.

"몸을 떠나는 것은 주와 함께 있는 것이요, 주와 함께 있는 것은 주를 뵙는다는 것이요, 주를 뵙는다는 것은 그분처럼 되는 것이다."

### 미래는 일자리 문제가 아니라 여가 시간문제다

사람들은 미래를 염두에 두고 살아가는데, 여기에 두 가지 고민이 발생한다. 일자리와 여가다. 일자리도 중요하지만, 더욱 중요한 것은 남는 시간을 어떻게 값지게 보낼 것인가이다.

철학자 아리스토텔레스(Aristoteles)는 자유인의 조건으로 여가를 꼽았다. 경제학자 존 메이너드 케인스(John Maynard Keynes)도 많이 늘어난 여가를 어떻게 보내야 하는가를 고민해야 한다고 말했다. 제4차 산업혁명 시대의 가장 큰 고민 중에 하나도 '일자리 창출'이다. 일자리가 줄어든다고 먹고살기 힘들어지는 법은 없다. 오히려 늘어난 여가를 어떻게 보낼 것인가에 대한 고민이 크다.

한 달을 살 때 출근하고 퇴근한 뒤 여가 보내기에 고민이 크다. 젊은 사람들은 자기를 계발하는 데 시간을 쏟고 있다. 여전히 많은 사람은 별다른 묘수가 없다. 하루하루가 고역처럼 다가온다. 이런 날들로 한 달을 보낸다고 생각해 보라! 속이 뒤집힌다.

### 여전함이 역전함을 만든다

사람들은 특별한 것을 좋아한다. 이벤트를 좋아한다. 삶 가운데 이벤트가 얼마나 있을까? 삶의 여전함은 행복이자 감사이다. 삶의 여전함을 당연함으로 여기면 행복은 사라진다. 감사도 사라진다. 여전함은 당연함이 아니다.

한 달을 가장 잘 보내는 것은 여전한 삶을 사는 것이다. 여기서 여전함이란 무의미한 여전함이 아니라 의미 있는 여전함을 뜻한다. 여전함으로 보내는 삶이 중요한 것은 여전함이 역전의 삶을 살도록 만들기 때문이다.

대부분 사람이 정년을 맞아 퇴직하기를 원한다. 목회자도 마찬가지다. 하지만 목회자들이 한 교회에서 정년이 되어 퇴직하는 것이 쉽지 않다. 아니, 한 교회에서 20년을 채우는 것만도 주님의 한없는 은혜가 있어야 한다. 많은 목회자가 교회 사역을 15년쯤 하면, 20년을 채울 수 있을까에 대한 걱정이 앞선다. 20년을 채우는 사람이 많지 않기 때문이다. 20년을 채울 때쯤 되면 사임을 권고받는 목회자가 많기 때문이다.

여전한 삶을 산다는 것은 생각보다 쉽지 않다. 친구가 직장 생활한 지 10년쯤 넘어가니 명예퇴직 권고를 받은 적이 있다. 그 친구는 주위 사람들에게 기도를 부탁했다. 정년까지 일할 수 있는 은혜를 구하기 위함이었다. 그 친구는 결국 정년까지 여전히 일할 수 있었다.

여전함은 역전함을 만든다. 삶의 역전이란, 승패를 뒤집는 것이 아니라 기존의 상식을 파괴하는 것을 말한다. 한 달의 삶을 역전으로 만들어내면 인생을 역전의 명수로 살게 된다. '대단함'의 삶을 꿈꾸기보다는 '여전함'의 삶을 소망해야 한다. 여전한 삶이 역전의 삶을 만들기에 감사해야 한다. 한 달을 여전하게 살았는가? 감사하라.

# 물질 드릴 수 있음을 감사하라

### 돈은 삶과 신앙과 연결된다

사람이 살아가는 데 꼭 필요한 것 중의 하나가 돈이다. 돈이 없으면 살면서 많은 불편함과 어려움을 겪게 된다. 돈 자체는 나쁜 것이 아니다. 바울도 '돈을 사랑함이 일만 악의 뿌리(딤전6:10)'라고 했지, 돈 자체가 악이라고 하지 않았다. 이 세상에는 돈의 노예가 되어 끌려가는 사람이 많다. 안타깝지만 그리스도인도 예외가 아니다. 오죽하면 예수님이 하나님과 재물을 겸하여 섬길 수 없다고 했겠는가? 돈은 사용해야 할 대상이지 사랑해야 할 대상이 아니다. 돈은 사람들의 일상생활과 연관되어 있다. 하지만 신앙인에게 돈, 물질의 문제는 영적인 면과 깊은 연관이 있다. 자크 엘룰(Jacques Ellul)은 이렇게 말했다.

"누구든지 자기의 삶과 신앙을 말하려면 돈 앞에 서야 한다."

다른 말로 하면 돈을 바라보는 관점과 돈의 쓰임새를 보면 그 사람의 신앙 수준을 알 수 있다는 것이다. 한마디로 물질이 사람의 인격과 삶, 그리고 신앙을 드러내는 잣대가 된다는 것이다. 예수님께서도 이렇게 말씀하셨다.

"네 보물 있는 그곳에는 네 마음도 있느니라"(마6:21)

사람은 마음이 가는 곳에 물질을 쓰게 된다. 마음과 물질은 따로 노는 것이 아니라 연결되어 있다. 돈이 아무리 많은 부자라도 함부로 돈을 쓰지 않는다. 내가 어떤 부분에 물질을 많이 쓰고 있다면 내 마음이 거기에 그만큼 가 있다는 것을 의미한다. 왜 그런가? 사람은 물질을 중요하게 여기기 때문이다. 마틴 루터(Martin Luther)는 이런 말을 했다.

"사람에게는 세 가지 회심이 필요하다. 첫 번째는 가슴의 회심이요. 두 번째는 정신의 회심이다. 세 번째는 돈지갑의 회심이다."

의미 있는 말 아닌가? 많은 그리스도인이 가슴으로 회심한다. 정신으로 회심한다. 하지만 돈지갑의 회심은 거의 일어나지 않는다.

### 예수님의 자리는 헌금궤 옆이다

예수님께서 우리와 함께 예배를 드리신다면 어디에 앉아서 예배를 드릴 것 같은가? 내 생각에는 헌금함 옆에서 예배를 드릴 것 같다. 마가복음 12장을 보면 예수님께서 성전에 들어가서 헌금함 옆에 앉으셔서 사람들이 헌금하는 것을 지켜보셨다는 것을 알 수 있다. 예수님은 두 렙돈을 헌금한 과부가 하나님께 제일 많이 드렸다고 말씀하셨다. 왜 예수님은 굳이 헌금함 옆에 앉으셔서 헌금하는 것을 지켜보셨을까? 헌금 속에 마음과 믿음이 담겨 있음을 아시기 때문이다. 예수님은 헌금의 많고 적음을 보신 것이 아니다. 그 사람의 형편에서 얼마만큼 헌금하고 있는가를 보셨다. 부자가 한 헌금에 비하면 과부의 두 렙돈은 비교할 수 없을 만큼 적은 액수이다. 하지만 두 렙돈은 과부의 전 재산이었다. 복음서를 자세히 살펴보면 예수님께서 많은 부분 돈에 관련된 말씀을 하신 것을 알 수 있다. 그만큼 사람들이 돈에 대한 부분을 중요하게 여기기 때문에 돈에 대한 말씀을 많이 하신 것이 아닐까?

### 감사한 마음으로 물질을 드려라

하나님께 물질을 드릴 때 가져야 할 자세가 있다. 첫째, 억지로 하는 것이 아니라 감사하는 마음으로 해야 한다.

> "각각 그 마음에 정한 대로 할 것이요 인색함으로나 억지로 하지 말지니 하나님은 즐겨 내는 자를 사랑하시느니라"(고후9:7)

하나님께 드릴 때 인색하거나 억지로 해서는 안 된다. 은혜로 산다고, 하나님을 사랑한다고 고백하면서 정작 하나님께 드리는 것에 인색하다면 이것은 심각한 이중성이다. 앞에서 말한 것처럼 물질이 있는 곳에 우리의 마음도 따라간다. 연애할 때를 생각해 보라. 사랑하는 사람을 위해 돈 쓰는 것이 아깝게 느껴졌는가? 오히려 돈을 쓰고도 기쁘지 않았는가? 상대방을 사랑하는 마음이 있으면 돈 쓰는 것이 하나도 아깝지 않다. 더 못 해줘서 안달이 난다. 우리가 정말 하나님을 사랑한다면 하나님께 드리는 것이 아깝다고 생각하지 않을 것이다. 우리는 감사한 마음으로 하나님께 드릴 수 있어야 한다. 드릴 수 있다는 것 자체가 은혜다. 이 세상에는 드리고 싶어도 드릴 수 없는 사람들이 있기 때문이다.

### 물질의 주인은 하나님이시다

둘째, 물질의 주인이 하나님이시라는 사실을 인정하는 마음으로 드려야 한다. 그리스도인들이 하는 헌금 중에서 가장 어려운 헌금은 십일조이다. 소득의 십분의 일을 드린다는 것은 참 쉽지 않다. 수입이 적을 때는 큰 문제가 되지 않는다. 수입이 많아질수록 갈등은 심해진다. 최근에는 십일조를 꼭 드려야 되는가? 라는 논란이 많다. 그럼에도 불구하고 십일조를 드려야 하는 이유는 십일조는 하나님의 것이기 때문이다.

> "사람이 어찌 하나님의 것을 도둑질하겠느냐 그러나 너희는 나의 것을 도둑질하고도 말하기를 우리가 어떻게 주의 것을 도둑질하였나이까 하는도다 이는 곧 십일조와 봉헌물이라"(말3:8)

말라기 선지자는 십일조가 하나님의 것임을 분명히 하고 있다. 하나님의 것을 하나님께 드리지 않는 것은 도둑질이라고 말씀한다. 하나님의 백성들은 하나님의 것을 도둑질해서는 안 된다. 또한, 십일조를 드려야 하는 또 하나의 이유는 십일조를 드리는 것 자체가 하나님이 물질의 주인 되심을 인정하는 것이기 때문이다. 하나님은 돈이 없어서 십일조를 요구하시는 것이 아니다. 하나님이 주인 되심을 인정받고 싶으신 것이다. 인간은 돈에 대한 욕심이 있다. 이 욕심이 점차 커지다 보면 돈을 사랑하게 되고, 돈이 하나님의 자리에 앉게 된다. 돈이 하나님 자리에 앉으면 하나님께 드리는 헌금이 아깝게 느껴진다.

북한 지하 교인들의 기도 제목이 있다.

첫째, 성경책을 한 권 갖고 싶다.

둘째, 세례받고 싶다.

셋째, 성찬에 참여하고 싶다.

넷째, 모아 놓은 십일조를 드릴 교회가 세워지길 원한다.

우리보다 어렵고 힘든 형편에 있는 북한 성도들은 십일조를 모아두고 있다는 것이다. 우리는 하나님께 헌금을 드릴 때마다 물질의 주인이 하나님이심을 인정하는 마음으로 드려야 한다. "저는 하나님을 따르는 백성입니다. 물질을 따르는 백성이 아닙니다."라는 고백으로 드려야 한다.

### 헌금을 드리며 보상을 기대하지 마라

셋째, 어떤 보상을 바라고 헌금을 드려서는 안 된다. 어떤 성도들은 다른 이방 신들에게 하는 것처럼 하나님께 내가 이만큼 헌금했으니까 30배, 60배, 100배의 축복을 해 달라고 요구한다. 이것은 잘못된 태도다. 물론 헌금을 하면 하나님께서 복을 주실 때도 있지만 꼭 그런 것은 아니다. 사람에게는 물질의 복도 중요하지만 이보다 영적인 복이 더 중요하기 때문이다.

헌금을 드릴 때 이 땅에서 어떤 보상을 받겠다는 마음이 아니라, 하늘에 쌓는다는 마음으로 드려야 한다.

> "너희를 위하여 보물을 땅에 쌓아 두지 말라 거기는 좀과 동록이 해하며 도둑이 구멍을 뚫고 도둑질하느니라 오직 너희를 위하여 보물을 하늘에 쌓아 두라 거기는 좀이나 동록이 해하지 못하며 도둑이 구멍을 뚫지도 못하고 도둑질도 못하느니라"(마6:19-20)

예수님께서는 보물을 땅에 쌓아두지 말고 하늘에 쌓아두라고 말씀하신다. 땅에 쌓아두면 좀과 동록이 생기고 도둑이 와서 그것을 도둑질해간다. 땅에 쌓아둔다고 그것이 완전히 내 것이 되는 것은 아니다. 하지만 하늘 창고는 다르다. 하늘 창고는 좀도 동록도 생기지 않고 도둑이 훔쳐 갈 일도 없다. 쌓는 대로 쌓인다. 하나님께 감사하는 마음으로 헌금을 드리는 것은 하늘 창고에 보물을 차곡차곡 쌓는 일이다. 하나님께 물질을 드릴 수 있다면 하나님께 감사하라.

# 태도를 감사하라

**유재석의 성공비결**

국민MC로 불리며 방송연예계의 1인자인 유재석은 사람들에게 지속적으로 사랑을 받고 있다. 수많은 연예인이 한창 인기를 누리다가 언제 그랬냐는 듯이 사라진다. 시간이 흐르고 시대가 바뀌었음에도 불구하고 변함없이 사랑받는다는 것은 결코 쉬운 일이 아니다. 이 쉽지 않은 일을 이루고 있는 그의 성공비결은 8가지이다.

첫째, 항상 스스로 낮추며 겸손함을 잃지 않는다.

둘째, 한눈팔지 않고 열심히 성실함으로 승부한다.

셋째, 간절하게 꿈을 꾸고 열정을 갖고 임한다.

넷째, 언제나 초심을 잃지 않고 최선을 다한다.

다섯째, 실패하더라도 남의 탓으로 돌리지 않는다.

여섯째, 하나의 성공 뒤 또 다른 미래를 준비한다.

일곱째, 매 순간 모든 일에 최선을 다한다.

여덟째, 따뜻한 인간미와 배려를 잃지 않는다.

유재석의 8가지 성공의 비결을 한마디로 요약하면 태도이다. 곧 그의 삶의 태도가 오늘날의 유재석이라는 브랜드를 만든 것이다. 물론 태도만으로 성공할 수 있는 것은 아니다. 무엇을 성취하기 위해서는 태도와 실력이 모두 필요하다. 태도가 실력을 대신할 수는 없다. 하지만 분명한 것은 동일선상에서 출발한다면 태도가 좋은 사람이 실력도 갖추게 된다. 태도는 그만큼 중요하다.

### 하나님은 태도로 사람을 평가한다

사람이 다른 사람을 평가하는 기준은 다양하다. 어떤 사람은 외모와 스펙으로 평가하고 어떤 사람은 돈과 지식으로 평가한다. 결과를 가지고 평가하는 사람도 있다. 또 어떤 사람은 그 사람의 태도를 가지고 평가를 한다. 그렇다면 하나님께서는 사람의 무엇을 가지고 평가하실까? 다르게 표현하면 하나님께서 가장 중요하게 생각하는 것이 무엇일까에 대한 질문이다. 하나님은 사람의 태도로 평가하신다. 태도는 곧 마음의 중심을 의미한다. 사람은 외모를 보지만 하나님은 중심을 보신다. 태도를 중요하게 여기신다. 그래서 그리스도인들은 척하는 삶이 아니라 마음을 다해 성실하게 살아야 한다.

요셉은 형들에 의해 애굽의 종으로 팔려가서 종으로 살 때도, 보디발 장군의 눈에 들어 가정 총무가 되었을 때도, 억울한 누명을 쓰고 강간 미수범으로 감옥에 갇혔을 때도, 바로의 꿈을 해몽하고 애굽의 총리가 되었을 때도, 그는 여전히 변함없이 자신에게 주어진 자리에서 최선을 다했다. 그의 삶의 태도가 요셉을 만든 것이다.

예레미야 35장에 보면 레갑사람들에 대한 이야기가 나온다. 예레미야는 하나님의 말씀대로 레갑사람들을 불러 방에 들어가게 한 후 포도주를 마시라고 권한다. 예레미야는 자신이 포도주를 권하면 당연히 이들이 기쁜 마음으로 마실 줄 알았다. 하지만 이들은 자신들의 조상인 요나답이 포도주를 마시지 말라고 했으므로 마시지 않겠다고 말했다. 그들은 포도주를 마시지 않을 뿐만 아니라 조상 요나답의 말대로 집도 짓지 않고 장막에서 살아가고 있었다. 하나님께서는 이들의 삶의 태도를 칭찬하셨다.

**창의력은 태도에서 나온다**

젊은이들에게 꿈의 직장이라고 불리는 구글에 김태원 상무가 있다. 김태원 상무는 수많은 젊은이의 멘토이기도 하고 최고 인기 있는 강사 중의 한 명이기도 하다. 그가 구글에 근무하다 보니 가장 많이 받은 질문이 창의력에 관한 질문이라고 한다. 이 질문에 대해 그는 이렇게 대답했다.

"저는 창의력은 태도라고 생각합니다. 창의력은 지식, 교육, 책, 경험 등을 오랜 시간 동안 먹고 자란 '태도'라는 나무가 맺은 열매입니다. 나무가 무럭무럭 자라야 열매를 맺습니다. 자라지도 않은 나무에 열매를 기대해서는 안 됩니다. 모험과 변화를 싫어하는 자신의 태도는 바꾸려 하지 않으면서 세상에 없는 새로운 아이디어를 원하기만 합니다. 태도는 지식이나 정보와는 달라서 오랜 시간과 경험의 축적으로 이뤄집니다. 창의력을 기르는 가장 쉽고도 근본적인 방법은 세상을 바라보는 태도를 바꿔보는 것입니다. 태도가 창의력을 선물할 겁니다."

김태원 상무는 이 시대가 가장 중요시하는 창의력은 결국 태도에서 나온다고 말하고 있다.

### 좋은 태도를 선택하라

대부분의 사람은 태도가 중요하다는 것을 알고 있다. 보통 사람들은 다른 사람을 만나면 가장 먼저 보는 것이 상대의 태도다. 상대가 나에게 어떤 태도를 보이는지 관심을 가진다. 나 외에 다른 사람에게 어떤 태도를 보이는지도 관찰한다.

그런데 우리가 다른 사람을 대할 때는 그의 태도를 먼저 보지만 정작 나의 태도가 다른 사람들에게 어떻게 비칠지에 대해서는 생각하지 않는 경우가 많다. 나의 태도가 얼마나 중요한지를 생각하지 않을 때가 많다는 것이다. 나의 태도는 가장 좋은 친구가 될 수도 있고 최악의 적이 될 수도 있다. '태도'는 우리가 살아가는데 디딤돌이 될 수도 있고 걸림돌이 될 수도 있다. 좋은 태도를 가지고 있는 사람은 그것이 인생의 디딤돌이 되지만 나쁜 태도를 가진 사람은 인생의 걸림돌이 될 수밖에 없다.

《긍정적인 요인의 힘》의 저자인 노먼 빈센트 필(Norman Vincent Peale) 박사가 홍콩 주롱 거리에서 문신 가게를 찾아갔다. 문신 가게에는 문신 기술자들이 만들어놓은 수백 가지 샘플이 있었다. 그중 유독 그의 눈길을 사로잡은 문신의 글귀가 있었다. '패배하기 위해 태어나다.' 그는 이런 섬뜩한 문장을 자신의 피부에 새기는 사람이 있다는 것이 이해가 되지 않았다. 가게 안으로 들어가 중국인 문신 기술자에게 물어보았다. "자신의 몸에 '패배하기 위해서 태어나다'라는 끔찍한 문신을 새기는 사람이 정말 있나요?", "네, 가끔 있어요", "정상적인 생각이 있는 사람이라면 어떻게 그런 걸 새길 수 있을까요. 믿어지지 않는군요" 그의 질문에 문신 기술자는 서툰 영어로 이렇게 말했다. "몸에 문신을 새기기 전에 그 사람의 마음에 먼저 새겨져 있는 거지요"

사람의 마음과 생각은 삶에 지대한 영향을 미친다. 어떤 마음을 먹느냐, 어떤 생각을 하느냐에 따라 행동이 달라진다. 그리고 마음과 생각에 따라 태도 역시 변화된다. 자신을 이미 패배자라고 마음에 새긴 사람은 패배자의 태도를 가지고 살아간다. 이런 태도는 자신의 인생에 걸림돌이 될 수밖에 없다.

진대제 전 정보통신부 장관은 외국의 지인으로부터 배웠다는 알파벳 놀이를 즐긴다. 알파벳 놀이는 알파벳 글자에 점수를 매기는 게임이다. 첫 글자인 A는 1점, 두 번째 B는 2점, 마지막 Z에 26점을 부여하는 방식을 사용해 한 단어의 점수를 내보고, 내 인생에서 중요하고 필요한 것을 찾아보는 일종의 지적 게임이다. 그가 강연할 때 이 게임을 자주 언급한다. 그는 이런 질문을 한다.

"100점짜리 인생을 사는 데 가장 중요한 것은 뭘까요?" 진대제 전 장관은 이렇게 말을 시작한다. "열심히 일만 하면(hard work) 100점 인생을 살 수 있을까요? 아뇨. 그 단어의 알파벳을 조합하면 98점입니다. 지식(knowledge)이 많으면 96점, 사랑(love)이 가득해도 54점 인생밖에 안 됩니다. 하지만 바로 '마음먹기(attitude)'는 100점이 나옵니다." 즉 마음먹기인 태도에 따라 100점짜리 인생을 살아갈 수 있다는 해석이다. 내가 자주 하는 말이 있다. 지금까지 어떻게 살아왔던, 어떤 일을 해 왔던 그다지 중요하지 않다. 중요한 것은 어떤 태도로 사느냐는 것이다. 좋은 태도를 가진 사람이 성공적인 삶을 산다.

### 태도는 나의 존재다

교수이며 작가인 척 스윈돌(Chuck Swindoll) 목사는 이렇게 말했다.

"내게 있어서 태도는 교육, 재산, 환경, 성공과 실패, 그리고 다른 사람들이 생각하고 말하고 행동하는 것보다 더 중요하다. 또한, 태도는 외모나 타고난 재능, 기술보다 더 중요하다. 태도는 회사, 교회, 가정을 일으키기도 하고 무너뜨리기도 한다. 중요한 것은 우리도 하루하루 자신이 취하는 태도를 선택할 수 있다는 사실이다. 지나간 과거를 바꿀 수는 없다. 또한, 특정한 방식으로 행동하는 사람들은 변화시킬 수도 없다. 결국, 우리는 우리가 바꿀 수 있는 것을 선택할 수밖에 없다. 바꿀 수 있는 것이란 바로 태도다. 삶은 자신에게 일어나는 일 10퍼센트와 그 일에 대한 자신의 반응 90퍼센트로 이루어진다. 그것은 당신에게도 예외가 아니다. 자신의 태도에 책임져야 할 사람은 오직 자신이다."

존 맥스웰(John C. Maxwell) 목사도 이런 말을 했다.

"태도는 과거를 기록하는 사서이며, 현재를 보여주는 대변자이며, 미래를 알려주는 예언자다."

태도는 내가 처한 상황과 관계없이 자연스럽게 나에게 묻어나는 향기이자 얼굴이다. 아니, 나의 존재다. 나의 삶의 태도가 나의 존재 자체라면 우리는 태도를 정성스럽게 가꾸고 관리해야 한다. 부정적인 태도가 아니라 긍정적인 태도를 선택해야 한다. 소극적인 태도가 아니라 적극적인 태도를 선택해야 한다. 불신앙의 태도가 아니라 믿음의 태도를 선택해야 한다. 결과가 좋지 않아도 한 달을 성실한 태도를 가지고 살았는가? 그렇다면 감사하라. 하나님은 그 중심을 보신다.

## 03
1년에 대한 감사

# 내려놓음을 감사하라

**내려놓음이 살 길이다**

사람들은 움켜잡고 있으면 자신의 것이 되는 줄 안다. 그래서 돈을 움켜잡고, 권력을 움킨다. 자식을 움켜잡는다. 이상한 것은 움켜잡으려고 하면 할수록 내 손에서 벗어난다. 반대로 움켜잡은 손을 펼치고 모든 것을 내려놓으면 오히려 내 손에 그대로 있다. 사탄은 끊임없이 움켜잡으라고 한다. 그것이 살 길이라고 속삭인다. 그렇게 살지 않으면 세상을 살 수 없다고 한다. 그러나 주님은 반대로 내려놓는 것이 살 길이라고 말씀하신다.

### 포기와 내려놓음의 차이

포기와 내려놓음은 비슷한 것 같지만 분명한 차이가 있다. 조정민 목사는 《길을 찾는 사람들》에서 포기와 내려놓음의 차이를 이렇게 말한다.

> "포기는 할 수 없다고 멈추는 것이고, 내려놓음은 할 수 있지만 비우는 마음으로 하지 않기로 결단하고 멈추는 것입니다. 포기는 아쉬운 결정이고, 내려놓음은 깊은 성찰인 것입니다."

나는 포기와 내려놓음의 차이를 이렇게 정의하고 싶다. "포기란 나는 아무것도 할 수 없다고 체념하는 것이고 내려놓음이란 나는 아무것도 할 수 없다고 체념하는 것이 아니라 하나님께 맡기는 것이다." 내려놓음은 자포자기를 의미하는 것이 아니다. 하나님 앞에서 나는 아무것도 할 수 없는 존재임을 알고 하나님께 모든 것을 맡기는 것이다.

### 천국 노마드

이용규 선교사의 《내려놓음》은 많은 사람들에게 선한 영향력을 끼

쳤다. 그는 책에서 내려놓음을 이렇게 정의한다.

"내가 추구하는 길과 주님이 인생 가운데 부여하신 목적이 서로 다를 때 내가 추구하는 것을 버리고 주님의 목적을 붙잡는 것을 의미한다. 또한, 내가 추구하는 것, 내가 목표로 삼았던 것이 하나님이 나를 향해 갖고 계신 뜻과 다르다는 사실을 확인할 때, 하나님의 뜻에 내 추구와 목표가 부합되도록 맞추어 가는 것이다."

이용규 선교사는 내려놓음을 한마디로 내 뜻과 하나님의 뜻이 다를 때 하나님의 뜻을 좇아가는 것이라고 정의한다. 그는 자신을 '천국 노마드'라고 이야기한다. '노마드'(nomad)란 '유목민, 곧 한곳에 정착하지 않고 떠돌아다니는 사람'을 뜻한다. 전통적으로 유목 생활을 해온 몽골 민족을 상징하는 단어이기도 하다. 이런 의미에서 '천국 노마드'란 이 땅 가운데 정착민으로 살아가는 것이 아니다. 하나님이 '가라'하시면 가고, '서라'하시면 서는, 하나님의 말씀에 순종하는 삶을 의미한다. 또한, 이 말은 진정한 영적 가치와 하나님이 주시는 평안을 사모하는 참된 크리스천은 헛된 가치를 내려놓고 하나님나라를 향해 가는 믿음의 순례자가 되는 것임을 의미한다. 그리스도인은 '천국 노마드'로 살아가야 한다. 곧 이 땅의 헛된 가치들은 과감히 내려놓고 하늘의 가치를 부여잡고 살아가야 한다. 주님께서 가라 하면 가고 멈추라고 하면 멈추어야 한다.

그리스도인이란 그리스도를 따르는 사람이다. 곧 그리스도의 뜻대로 살아가는 사람이다. 이런 의미에서 본다면, 그리스도인으로서 가장 기본이 되면서 가장 중요한 것이 내려놓음이다. 내 것을 내려놓지 않고는 예수님을 따를 수 없다. 내 것을 움켜잡고서는 하나님의 뜻대로 순종할 수 없다.

### 균형은 주님께서 잡으신다

외줄 타기는 보기만 해도 아찔하다. 균형이 한 번이라도 무너지면 외줄에서 떨어질 수밖에 없다. 더군다나 혼자가 아니라 사람을 어깨 위에 태우고 외줄을 건너는 사람이 있다. 혼자서 타기도 어려운 외줄을 어깨 위에 한 사람을 태우고 건너는 것을 보면 정말 신기할 따름이다. 두 사람이 함께 외줄을 탈 때는 아래 사람이 균형을 잡아야 한다. 위에 사람이 균형을 잡으려고 하면 두 사람이 다 외줄에서 떨어지고 만다. 위에 사람은 아래에 있는 사람에게 모든 것을 내어 맡기고 가만히 있으면 된다. 그러면 안전하게 외줄을 건널 수 있다.

그리스도인의 삶도 외줄타기와 같다. 인생의 외줄 타기에서 내가 균형을 잡으려고 하면 안 된다. 주님께서 균형을 잡아야 한다. 우리는 모든 것을 내려놓고 주님을 의지하기만 하면 된다. 주님만을 의지하며 나갈 때 주님께서는 우리 인생의 균형을 잡아주신다. 우리의 인생을 책임져 주신다.

하나님은 하나님의 자녀를 사랑하신다. 사랑하시기에 우리의 인생에 개입하셔서 축복하시고 선한 길로 인도하신다. 하지만 우리가 내려놓지 않으면 하나님도 가만히 계실 수밖에 없다. 내 고집대로 살게 두신다.

### 자존심을 내려놓으라

그리스도인이 하나님 앞에 내려놓아야 할 것이 있다. 첫째, 자존심을 내려놓아야 한다. 사람은 누구나 자존심이 있다. 특히 남자들에게 있어서 자존심은 굉장히 중요하다. 남자들은 자존심을 먹고 산다는 이야기까지 있을 정도다. 하나님의 백성들은 자존심이 아니라 자존감으로 살아야 한다. 자존심을 내려놓고 자존감을 가져야 한다. 하지만 반대로 사는 사람들이 너무나 많다. 하나님의 자녀라는 자존감은 온데간

데없고 자존심만을 내세우면서 살아간다. 자존감은 하나님께 뿌리를 두는 것이지만 자존심은 자기에게 뿌리를 두는 것이다. 자존심이 나를 나답게 만들어주는 것 같지만 진정 나 다워지는 길은 자존심을 내려놓는 것이다. 내가 자존심을 내려놓으면 주님이 나를 세우신다.

백부장은 이방인임에도 불구하고 예수님께로부터 이스라엘 가운데 이런 믿음을 보지 못했다고 칭찬받은 사람이다. 그는 자존심을 내려놓았다. 당시 로마 장군들은 황제 외에는 누구에게도 무릎을 꿇지 않았다. 하지만 백부장은 식민지 청년 예수에게 무릎을 꿇었다. 그것도 자신의 문제가 아닌 병든 자신의 하인을 위해 그렇게 했다. 백부장은 자신의 자존심을 기꺼이 내려놓았다. 그리고 식민지 청년 예수에게 말씀 한마디면 자신의 하인을 고쳐주실 수 있다고 무릎을 꿇고 간청한다. 주님은 이런 백부장을 보고 아낌없는 칭찬을 하시고 높여주셨다.

내가 그리스도와 함께 십자가에 못 박혔나니 그런즉 이제는 내가 사는 것이 아니요 오직 내 안에 그리스도께서 사시는 것이라 이제 내가 육체 가운데 사는 것은 나를 사랑하사 나를 위하여 자기 자신을 버리신 하나님의 아들을 믿는 믿음 안에서 사는 것이라 (갈2:20)

바울은 이미 그리스도와 함께 십자가에 죽었다고 말한다. 이제 육체 가운데 사는 것은 오직 예수님을 믿는 믿음 안에서 사는 것이라고 고백한다. 바울만 2천 년 전에 예수님과 함께 못 박혀 죽은 것이 아니라 우리 모두 죽었다. 그러므로 그리스도인은 자존심을 내려놓고 주님을 향한 온전한 믿음으로 살아야 한다.

### 욕심을 내려놓으라

둘째, 우리의 욕심을 내려놓아야 한다. '득롱망촉(得籠望蜀)'이라는 사자성어가 있다. 이 사자성어는 중국 한 나라 때 광무제가 농을 정복하고, 만족하지 않고 촉까지 쳤다는 데서 유래한 말로 '인간의 욕심은 끝이 없다'라는 뜻을 담고 있다. 서면 앉고 싶고, 앉으면 눕고 싶고, 누우면 자고 싶은 것이 사람의 심리이다. 취준생일 때는 취업만 했으면 소원이 없다고 하지만 취업이 되면 연봉이 얼마인가에 관심이 간다. 연봉이 어느 정도 되면 승진에 관심을 가진다. 이렇듯 인간의 욕심은 끝이 없다. 욕심은 밑 빠진 독에 물을 붓는 것과 같다.

야생에서 원숭이를 잡는 방법은 의외로 간단하다. 먼저 코코넛에 원숭이의 손이 간신히 들어갈 만한 구멍을 만든 후 그 통 안에 원숭이가 좋아할 만한 열매들을 넣는다. 시간이 조금 흐르면 원숭이는 둥근

통에 가까이 와서 냄새를 맡고 구멍 안에 가득 들어있는 열매를 보게 된다. 열매를 본 원숭이는 주위를 맴돌다 그 구멍에 손을 넣어 작은 부스러기 하나를 맛본다. 그 감미로운 맛에 빠져들어 손을 더욱 깊숙이 넣고 손을 빼려고 한다. 하지만 손은 빠지지 않는다. 이미 손으로 열매를 가득 움켜잡고 있기 때문이다. 이때 덫을 놓았던 사람들이 와서는 원숭이를 잡는데, 원숭이는 그 큰 눈을 깜박거리면서 몸부림치다가 결국 잡히고 만다. 원숭이는 얼마든지 도망칠 수 있었다. 지금 잡고 있는 열매를 포기하면 된다. 움켜잡고 있는 것을 놓으면 된다. 그러나 놓지 않는다. 원숭이는 어리석은 욕심 때문에 사람에게 잡히게 된다.

마찬가지다. 그리스도인들은 욕심을 내려놓아야 한다. 욕심을 내려놓지 않으면 야고보 기자의 말씀처럼 욕심으로 인해 죄를 짓게 되고 죄로 인해 사망에 이르게 된다. 자식에 대한 욕심, 물질에 대한 욕심, 세상의 것에 대한 욕심을 내려놓을 때 하나님께서 우리에게 더 크신 은혜와 축복을 내려주신다.

### 내려놓을 수 있음에 감사하라

예수님은 겟세마네 동산에서 마지막 죽음 앞에서도 자신의 모든 것을 내려놓고 아버지의 뜻대로 되기를 기도하셨다. 마침내 예수님은 아버지의 뜻대로 순종하셔서 십자가에 못 박혀 죽으셨다. 하나님께서는 십자가에 못 박힌 주님을 3일 만에 살리사 그의 이름을 지극히 높여 모든 이름 위에 뛰어난 이름을 주셨다. 하늘에 있는 자들과 땅에 있는 자들과 땅 아래에 있는 자들로 모든 무릎을 예수의 이름에 꿇게 하셨다. 모든 입으로 예수 그리스도를 주라 시인하여 하나님 아버지께 영광을 돌리게 하셨다.

내려놓음은 자포자기가 아니다. 절망이 아니다. 기대와 소망이다. 새로운 시작이다. 주님께서 일하기 시작하는 때이다. 일 년을 사는 동안 하나님 앞에 자신의 삶을 내려놓았다면 감사하라. 나의 자존심을 내려놓고 하나님의 자녀라는 자존감으로 살았다면 감사하라. 욕심을 내려놓고 하나님을 의지하였다면 감사하라.

# 희망주심을 감사하라

**희망이 있는 사람은 행복한 사람이다**

뉴턴(Isaac Newton)의 제1 법칙은 관성의 법칙이다. 관성의 법칙이란 외부로부터 힘이 작용하지 않으면 물체의 운동 상태는 변하지 않는다는 법칙이다. 한마디로 변하지 않고 계속해서 그 상태를 유지하려고 하는 법칙이라고 할 수 있다. 이 법칙은 우리가 살아가는 삶 가운데도 그대로 나타난다. 사람들은 기본적으로 변화에 대한 저항을 가지고 있다. 이것이 관성이다. 두려움에 저항하거나 변화가 싫어서 저항하는 사람이 있다. 편안한 삶을 살기 위해서 변화에 저항하는 사람도 있다. 이는 변화 속에서 희망을 발견하지 못했기 때문이다. 반면, 희망이 있는 사람은 변화하려고 한다. 안주하지 않는다. 네일 스트레이트(Nail Straight)라는 사람이 이런 말을 했다.

"사람에게서 재물을 빼앗아 보십시오. 그를 방해하는 것이 됩니다. 사람에게서 목적을 빼앗아 보십시오. 속도를 늦추는 것이 됩니다. 그러나 사람에게서 희망을 빼앗아 보십시오. 그를 정지시키는 것이 됩니다. 재물이 없이 살아갈 수가 있고 목적 없이도 얼마간은 살아갈 수가 있습니다. 그러나 희망이 없이는 우리의 삶을 유지할 수가 없습니다."

종교개혁가 마틴 루터(Martin Luther)도 "이 세상을 움직이는 힘은 희망이다. 얼마 후 성장하여 새로운 종자를 얻을 수 있다는 희망이 없다면, 농부는 밭에 씨를 뿌리지 않는다. 아이가 태어난다고 하는 희망이 없다면 젊은이는 결혼할 수가 없다. 이익을 얻게 된다는 희망이 없다면 장사꾼은 장사할 수가 없다."라고 말했다.

이 세상에서 가장 불쌍한 사람은 희망이 없이 살아가는 사람이다. 희망 없이 절망 가운데 살아가는 사람이야말로 가장 불쌍한 사람이다. 반대로 이 세상에서 가장 행복한 사람은 희망을 품고 살아가는 사람이다. 부자나 가난한 자나 희망을 품고 살아가는 사람은 이 땅에서 행복한 사람이다. 많이 배웠든 적게 배웠든 희망을 품고 살아가는 사람은 행복한 사람이다. '희망'이 살아가야 할 이유가 되기 때문이다. '희망'이 새로운 힘을 솟아나게 하기 때문이다. 살아야 할 이유, 살아야 하는 희망 있는 삶 자체가 행복이다. 희망은 우리의 인생을 끌고 가는 힘이다. 우리를 밀어주는 힘이다. 내일에 대한 희망이 있기 때문에 어두운 오늘도 참을 수가 있는 것이다.

### 1%의 희망이 99%의 절망을 이긴다

어느 대학에서 다음과 같은 실험을 했다. 두 개의 물통에 물을 가득 채우고 쥐를 넣었다. 하나는 뚜껑을 열어 두었고 다른 하나는 뚜껑을 닫았다. 두 물통 안에 든 쥐들은 본능적으로 살려고 헤엄을 치기 시작했다. 뚜껑이 닫혀 있는 물통에 있는 쥐는 산소 공급이 서서히 감소하고 있음을 재빨리 감지했다. 또한, 탈출구가 보이지 않자 사는 것을 쉽게 포기했다. 결국, 이 쥐는 헤엄치는 것을 중단했고 4분이 못되어 익사했다.

이에 반해 뚜껑이 열려있는 물통 속에 있는 쥐는 실험이 끝날 때까지 장장 36시간이나 쉬지 않고 헤엄쳐 연구원들을 놀라게 했다. 왜 이런 결과가 나왔겠는가? 뚜껑이 닫힌 쥐는 희망을 발견하지 못했고, 뚜껑이 열린 쥐는 희망을 발견했기 때문이다. 1%의 희망이 99%의 절망을 이긴다. 어떠한 절망 가운데 있더라도 희망의 끈을 놓지 않으면 마침내 새롭게 시작할 수 있다.

**절망 속에도 희망이 있다**

미국의 유명한 추리소설계의 거장이었던 시드니 셀던(Sidney Sheldon)은 죽기 2년 전, 88번째 생일에 《또 다른 나》라는 자서전을 출간했다. 자서전에서 그는 이렇게 말을 했다.

"나는 롤러코스터 같았던 스릴 만점의 내 인생을 무척 소중하게 여기고 있어요. 흥미진진하고 멋진 여정이었지요. 그러니 너무 일찍 책장을 덮지 마세요. 끝까지 페이지를 넘기세요. 당신은 어느 페이지에서 '또 다른 멋진 나'와 마주하게 될 것입니다."

시드니 셀던의 "어느 페이지에서 '또 다른 멋진 나'를 마주하게 될 것입니다."라는 표현이 너무 멋지지 않은가? 나의 인생의 책에서 때론

'멋지지 않은 나'를 만나게 될 때도 있다. 하지만 희망을 품고 오늘이라는 삶의 페이지를 최선을 다해 채우다 보면, 어느 페이지엔가는 '멋진 나'와 마주하게 될 것이다.

'데미안'의 저자인 헤르만 헤세(Hermann Hesse)는 "하나님이 우리에게 절망을 보내는 것은 우리를 죽이려는 것이 아니라 우리들 속에 새로운 생명을 불러일으키기 위함이다"라고 말했다. 시인 파블로 네루다(Pablo Neruda)도 "누군가 꽃을 꺾을 수는 있지만 봄을 빼앗을 수는 없다"라고 말했다. 사탄은 우리를 절망시켜, 인생을 망가뜨리려고 한다. 그러나 하나님께서는 새로운 생명을 불러일으키기 위해 절망을 사용하시곤 한다. 그 절망 속에서도 새로운 희망을 보게 하신다.

### 하나님께 희망을 두라

"내 영혼아 네가 어찌하여 낙심하며 어찌하여 내 속에서 불안해 하는가 너는 하나님께 소망을 두라 그가 나타나 도우심으로 말미암아 내가 여전히 찬송하리로다"(시42:5)

시편42편은 표제가 '고라 자손의 마스길'이라고 되어 있지만, 대부분 학자는 다윗이 사울에게 쫓길 때 지은 시라고 이야기한다. 다윗은 사울에게 잘못한 것이 없었다. 오직 충성을 다했을 뿐이다. 그럼에도 불구하고 사울의 시기로 다윗은 도망자의 신세가 된다. 다윗이 힘들었던 것은 육체적인 것도 있었지만 마음이었다. 이러한 전후 사정을 모르는 사람들은 쫓기는 다윗의 겉모습만 보고 '네가 믿는 하나님이 어디 있느냐?'라며 조롱했다. 다윗이 설명한들 이들이 이해할 수 있는 문제가 아니기에 다윗은 조용히 서러운 눈물만 흘린다. 다윗은 도망자의 신세로 살아가는 자신의 모습과 사람들이 자신을 조롱하는 것으로 인해 낙심한다. 절망한다. 그 순간 정신이 번쩍 들었다. 자신이 낙심하고 있을 때가 아니라는 것을 깨닫게 된 것이다. 다윗은 이제 낙심하고 있는 자신의 영혼을 향해 명령한다. "내 영혼아 어찌하여 낙심하느냐 불안해하느냐 하나님께 소망을 두라"

다윗은 낙심하고 절망하지 않아야 할 이유를 찾았다. 그 이유는 바로 하나님께 있었다. 이 사실을 깨닫고 다시 다윗은 낙심하고 있는 자신의 영혼을 향해 하나님께만 소망을 두라고 명령을 하고 있다. 그리스도인들이 어떤 절망적인 상황 가운데도 희망을 가질 수 있는 이유가 여기에 있다. 하나님이 우리의 소망이시기 때문이다. 하나님이 누구신가? 무에서 유를 창조하신 전능하신 하나님이시다. 벽을 문으로 만드시는 분이시다. 길이 없는 광야에 길을 만드시는 분이시다. 한순간에 모든 것을 반전시키는 분이시다. 우리를 도우실 수 있는 능력의 하나님이시다. 이런 하나님께 소망을 두고 있다면 우리는 절망할 이유가 전혀 없다.

### 우리를 향한 하나님의 생각은 희망이다

바벨론에 의해 멸망당한 남유다 백성들은 바벨론에 포로로 끌려가게 된다. 이스라엘 백성들은 더이상 소망이 없다고 생각했다. 자신들이 범죄 하여 나라가 망하고 포로로 끌려갔음에도 불구하고 하나님께 불평했다. 하나님이 살아 계신다면 어떻게 우리를 이렇게 망하도록 버려두실 수가 있느냐고 따지는 사람도 있었다. 심지어 하나님께서 자신들을 버렸다고 생각하는 사람도 있었다. 이런 이스라엘 백성을 향하여 하나님께서 예레미야에게 편지를 쓰라고 하신다. 그 내용 가운데 이런 말씀이 있다.

"여호와의 말씀이니라 너희를 향한 나의 생각을 내가 아나니 평안이요 재앙이 아니니라 너희에게 미래와 희망을 주는 것이니라"(렘 29:11)

하나님께서는 절망하고 있는 이스라엘 백성들에게 "너희를 향한 나의 생각은 재앙이 아니라 평안이요, 미래와 희망"이라고 말씀하신다. 비록 지금은 포로 생활을 하고 있지만, 이것이 끝이 아니라는 것이다. 그러므로 너희들은 나를 바라보고 거기서 잘 버티어 내라고 말씀하신다.

### 희망을 전하는 자가 되라

희망은 인간만이 가질 수 있는 특권이다. 식물이 희망을 가지고 살아갈까? 동물이 희망을 가지고 살아갈까? 오직 인간만이 희망을 가지고 살아갈 수 있다. 희망은 돈이 많다고 가질 수 있는 것이 아니다. 권력을 가졌다고, 많이 배웠다고 가질 수 있는 것도 아니다. 희망은 '믿음'이 있는 사람이 가질 수 있다.

아울러 그리스도인은 나 자신만 하나님께 희망을 두는 삶을 살아가서는 안 된다. 우리가 생각하는 것보다 훨씬 많은 사람이 절망가운데 살아가고 있다. 왜 이 시대 많은 사람이 자살하는 것인가? 그것은 이 땅에 살아야 할 희망을 찾지 못했기 때문이다. 그리스도인은 절망가운데 살아가는 사람들에게 희망이 있음을 전해주어야 한다. 아무리 절망가운데 있다고 할지라도 하나님이 희망으로 바꿀 수 있음을 전해주어야 한다. 독일의 철학자인 쇼펜하우어(Arthur Schopenhauer)는 이렇게 말했다.

"희망은 마치 독수리의 눈빛과도 같다. 항상 닿을 수 없을 정도로 아득히 먼 곳만 바라보고 있기 때문이다. 진정한 희망이란 바로 나 자신을 신뢰하는 것이다. 행운은 거울 속의 나를 바라볼 수 있을 만큼 용기가 있는 사람을 따른다. 자신감을 잃지 마라, 자신을 존중할 줄 아는 사람만이 다른 사람을 존중할 수 있다."

나는 쇼펜하우어의 마지막 말을 이렇게 바꾸고 싶다. "희망을 바라볼 수 있는 사람만이 다른 사람을 희망으로 이끌 수 있다."

자신이 희망을 가지고 있지 않은 사람은 결코 희망을 만들어 낼 수가 없다. 하나님께 희망을 두고 살아왔다면 감사하라. 다른 사람에게 희망을 주었다면 감사하라.

# 부족함을 감사하라

**행복은 채우는데 있지 않다**

무엇이든 많이 가진 것이 미덕인 세상에 살고 있다. 어디를 가나 사람들은 무엇인가로 채우려고 안간힘을 쓴다. 빈 곳을 그대로 두는 것을 견디지 못한다. 사람들은 부족함은 불행이고, 풍족함은 행복이라고 생각한다. 하지만 채움을 목표로 한 인생은 결코 만족을 얻을 수가 없다. 만족할 만큼 채워질 수 있는 순간은 인간에게 결코 오지 않기 때문이다. 인간의 욕망은 끝이 없다. 얼마나 돈이 있으면 만족할 수 있을 것 같은가? 얼마나 큰 집에 살면 만족할 수 있을 것 같은가? 채우려 할수록 사람의 갈증은 점점 심해진다. 더 채워야 행복해질 수 있다면, 이 세상 단 한 사람도 행복할 수 없다.

### 플라톤의 다섯 가지 행복의 조건

철학자 플라톤(Platon)은 행복의 조건으로 다섯 가지를 말한다.

첫째, 먹고, 입고, 살고 싶은 수준에서 조금 부족한 듯한 재산. 둘째, 모든 사람이 칭찬하기에는 약간 부족한 용모. 셋째, 자신이 자만하고 있는 것에서, 사람들이 절반 정도밖에 알아주지 않는 명예. 넷째, 겨루어서 한 사람에게는 이기고, 두 사람에게 질 정도의 체력. 다섯째, 연설을 듣고도 청중의 절반은 손뼉을 치지 않는 말솜씨.

플라톤이 말하는 행복의 조건들은 완벽하고 만족할 만한 상태에 있는 것들이 아니다. 조금은 부족하고 모자란 상태이다.

### 여백의 미

인간은 자신에게 있는 것을 만족하기보다는 없는 것에 더 강하게 끌린다. 같은 떡임에도 불구하고 남의 떡을 더 크게 본다. 이것은 참으로 인간의 힘으로 풀 수 없는 딜레마이다. 사실 부족함 자체가 행복의 조건이 될 수 있다. 도종환 시인의 《여백》이라는 시가 있다.

"언덕 위에 줄지어 선 나무들이 아름다운 건 나무 뒤에서 말 없이 나무들을 받아 안고 있는 여백 때문이다. 나뭇가지들이 살아온 길과 세세한 잔가지 하나하나의 흔들림까지 다 보여주는 넉넉한 허공 때문이다. 빽빽한 숲에서는 보이지 않는 나뭇가지들끼리의 균형, 가장 자연스럽게 뻗어 있는 생명의 손가락을 일일이 쓰다듬어주고 있는 빈 하늘 때문이다. 여백이 없는 풍경은 아름답지 않다. 비어 있는 곳이 없는 사람은 아름답지 않다. 여백을 가장 든든한 배경으로 삼을 줄 모르는 사람은"

동양화의 미학을 '여백의 미'라고 한다. 동양화는 넘침보다는 모자람을 선택했다. 서양화는 면의 예술이라면 동양화는 선의 예술이다. 동양화는 선이 중심이라 여백이 있다. '없음'으로 인해 '있음'이 빛나는 것이 동양화의 특징이다. 여백의 미는 그림에 뿐만이 아니라 우리가 살아가는 삶 가운데도 필요하다. 공백 없는 공간은 사람을 질식하게 만든다. 여백은 숨을 쉴 수 있게 하는 공간이다. 숨 쉴 공간이 없으면 활력은 사라진다. 대화할 때 여백이 있어야 친밀한 대화가 이루어진다. 여백이 없는 대화는 논쟁이 되고 만다.

**부족함을 채워가는 것이 행복이다**

엘리베이터를 탈 때 정원이 초과하는 경우가 있다. 정원이 초과하면 엘리베이터가 정확하게 알려 준다. '삐'하고 소리를 낸다. '삐' 소리가 나면 마지막에 탄 사람은 아주 겸연쩍은 표정으로 내린다. 정원이 초과한 엘리베이터가 움직일 수 없듯이 꽉 찬 공간은 더이상 채우고 싶어도 채울 수가 없다. 공간이 있다면 아직 채워질 수 있는 가능성이 충분히 있다는 것을 의미한다.

예수님이 첫 번째로 행하셨던 기적은 가나 혼인잔치에서 물로 포도주를 만드는 것이었다. 예수님이 물로 포도주를 만든 이유는 간단하다. 포도주가 떨어졌기 때문이다. 가나 혼인잔치에서 포도주가 부족하였기에 예수님은 그 공간을 기적으로 채우셨다. 만일 포도주가 부족하지 않았다면 예수님이 기적을 일으킬 이유가 없었다.

너무 이른 나이에 성공한 사람들이 있다. 너무 일찍 모든 것을 경험하고 나면 인생이 허무해진다. 채워 넣어야 할 여백이 있는 사람은 행복하다. 부족한 것을 채워 넣는 즐거움은 무엇보다 크다. 단칸방에서 신혼생활을 시작해도 행복한 이유가 무엇이라 생각하는가? 미래에 채워 넣을 공간이 많기 때문이다. 사람은 자신이 부족을 조금 메꾸어 갈 때 행복함을 느낀다.

부족함은 사람이 살아야 할 이유를 제공해준다. 모자람은 채우고 자 하는 열정을 만들어 낸다. 부족함은 꿈을 꾸게 하고 가능성의 자리 가 된다. 모든 것을 채우고 아쉬운 것 하나 없는 사람은 인간미가 없는 사람이다. 이런 사람을 만나면 숨이 막힌다. 약간 모자라는 것이 좋다. 밥을 먹을 때 약간 모자란 듯 먹는 것이 심리적으로도, 건강에도 좋다. 포만감은 결코 만족을 주거나 행복을 보장해 주지 않는다.

### 하나님은 부족한 사람을 사용하신다

성경에는 부족함이 있음에도 불구하고 하나님께서 그들을 사용하 셔서 얼마나 큰일을 행하셨는지에 대한 예들로 가득 차 있다. 만일 하 나님께서 완벽한 사람들만 쓰셨다면 아무것도 이룰 수 없었을 것이다. 그 이유는 세상에 완벽한 사람은 없기 때문이다.

바울을 생각하면 완벽한 하나님의 사람이라는 생각이 들 때가 있 다. 하지만 바울에게도 육체의 가시라는 약함이 있었다. 그의 육체의 가시에 대해서는 신학자들의 의견은 분분하다. 안질이라고도 하고 간 질이라고도 한다. 분명한 것은 이 육체의 가시가 바울이 복음을 전하 는데 장애가 되었던 것이다. 바울은 육체의 가시를 제거해 달라고 하 나님께 3번이나 간절히 기도했다. 복음을 잘 전하기 위해서 육체의 가시를 제거해 달라는 간청은 들어주시는 것이 마땅하다. 하지만 하나님은 이렇게 응답하신다. "내 은혜가 네게 족하도다 이는 내 능력이 약한 데서 온전하여짐이라(고후12:9)." 하나님의 응답은 'No'였다. 하나님의 응답을 받은 바울은 이렇게 고백한다.

> "그러므로 도리어 크게 기뻐함으로 나의 여러 약한 것들에 대하여 자랑하리니 이는 그리스도의 능력이 내게 머물게 하려 함이라 그러므로 내가 그리스도를 위하여 약한 것들과 능욕과 궁핍과 박해와 곤고를 기뻐하노니 이는 내가 약한 그 때에 강함이라"(고후12:9-10)

바울은 하나님의 응답을 통해 두 가지를 깨닫게 된다. 첫째, 자신이 교만하지 않도록 약함을 그대로 두셨다는 것을 깨닫는다. 둘째, 자신의 연약함은 그리스도의 능력이 약함 가운데 머물게 하시기 위함이라는 것을 깨닫는다. 진정한 강함이 무엇인가? 그것은 단순히 나의 약함과 결핍이 제거된 상태가 아니다. 오히려 하나님을 의지하지 않고서는 살 수 없는 의존성, 그 약함이 진정한 강함이다. 왜 그런가? 하나님을 의지하므로 약함 가운데 하나님의 강함이 나타나기 때문이다. 바울은 이것을 깨달았기에 '약한 그 때에 강함'이라고 고백하고 있다. 다윗도 "여호와는 나의 목자시니 내게 부족함이 없다(시23:1)"라고 고백했다.

### 부족함은 가능성의 자리다

예전에 아이들의 성적을 '수우미양가'로 표시했다. 이렇게 평가하는 것이 일본의 나쁜 잔재라는 것이 밝혀져서 논란이 되었지만, 그 한자의 뜻을 살펴보면 참 의미가 있다. 수(秀)는 '빼어날 수(秀)' 자로 '특히 우수하다'라는 뜻이다. 우(優)는 '넉넉할 우(優)' 자로 '역시 우수하다'라는 뜻이다. 미(美)는 '아름다울 미(美)' 자로 '좋다'라는 뜻이다. 양(良)은 '좋을 양(良)' 자로 '훌륭하다, 착하다'라는 뜻이다. 가(可)는 '가능할 가(可)'로 충분한 가능성을 갖고 있다는 뜻이다. 가(可)를 맞았다는 것은 너는 성적이 나빠서 쓸모없는 사람이라는 뜻이 아니라 너는 성적이 나쁘지만, 더욱더 열심히 공부하면 잘할 수 있을 것이라는 가능성을 말해주는 것이다.

아이들이 부모에게 듣는 말 중에서 가장 상처받는 말이 무엇인지 아는가? "너는 안돼, 너는 도저히 불가능해"라는 말이다. 아이들은 아직 성장하고 있는 과정에 있다. 얼마든지 가능성이 열려있다. 만들어져 가는 과정에 있는 아이들에게 "너는 안돼. 불가능해"라고 말하는 것은 그 아이들을 죽이는 것과 다름없다.

### 부족하면 더 사랑하게 된다

　부족함은 사랑과 연결되어 있다. 누가 더 상대를 사랑할 수 있는가? 에 대한 답은 누가 더 많은 부족함을 가지고 있느냐? 의 답과 같다. 상대보다 더 잘났다고 생각하는 사람은 상대를 덜 사랑하는 경향이 있다. 상대보다 자신이 부족하다고 생각하는 사람은 더 사랑하게 되어 있다. 부족함이 있음에도 불구하고 사랑받고 있다고 생각하기 때문에 더 사랑하게 된다. 하나님을 사랑하는 것도 마찬가지다. 자신이 큰 죄인이라고 생각하는 사람은 하나님을 더 사랑하게 된다. 바울은 자신을 '죄인 중에 괴수'라고 고백한다. '죄인 중의 괴수'를 사랑하시고 은혜 베풀어주시니 주님을 더 사랑하지 않을 수가 없었다. 기꺼이 주님을 위해 생명을 내어놓았다. 따라서 부족함은 불평 거리가 아니다. 더 사랑받게 하는 것이므로 부족함은 축복이다. 하나님 앞에 너무나 부족한 죄인임을 인정하는 사람은 하나님의 사랑이 그만큼 채워질 공간이 많다는 것이다. 지혜로운 사람은 부족함을 원망으로 연결하는 것이 아니라 사랑으로 연결한다.

　장영희 교수의 《생일》에 이런 글이 있다.

"내겐 당신이 있습니다. 내 부족함을 채워주는 사람, 당신의 사랑이 쓰러지는 나를 일으킵니다. 내게 용기, 위로, 소망을 주는 당신. 내가 나를 버려도 나를 포기하지 않는 당신. 내 전생에 무슨 덕을 쌓았는지, 나는 정말 당신과 함께할 자격이 없는데, 내 옆에 당신을 두신 신에게 감사합니다. 나를 사랑하는 이가 이 세상에 존재한다는 것, 그것이 내 삶의 가장 커다란 힘입니다."

이 글에 나오는 당신은 사랑하는 남편이나 아내가 될 수 있고 자식이 될 수도 있다. 가족이 아닌 다른 누군가가 될 수도 있다. 혹, 누군가가 없어도 부족함을 채워주시는 분이 계신다. 예수님이다. 예수님은 우리에게 용기와 소망을 주시고 사랑해주시는 분이시다. 부족함은 결코 부끄러운 것이 아니다. 그것을 부끄럽다고 여기는 그런 사람들이 존재할 따름이다. 부족함이 있기에 가능성을 기대하게 되고, 희망과 기적을 꿈꾸게 되는 것이다. 부족함 가운데 하나님의 풍성함이 채워질 수 있다. 일 년 동안 살면서 부족함이 있었는가 감사하라.

# 보호하심을 감사하라

**스위스 용병**

스위스에는 3가지 유명상품이 있다. 첫째, 시계다. 명품시계 하면 제일 먼저 스위스를 떠올리게 된다. 둘째, 스위스 군용 칼(멀티툴)이다. 다양한 용도로 쓸 수 있는 것들이 한꺼번에 들어 있는 칼을 우리는 맥가이버 칼이라고 부른다. 셋째, 은행이다. 우리나라 은행에 돈을 맡기면 그 돈에 대한 이자를 지급한다. 하지만 스위스 은행은 도리어 보관료를 받는다. 이자를 주지 않고 그 반대로 보관료를 받는 것은 은행에서 예금주에 대해 어떤 것도 묻지 않기 때문이다. 신용이 생명이기에 예금주의 허락 없이는 예금주의 입출금 정보를 정부에게도 알려주지 않는다. 이런 이유로 부자들이 스위스 은행에다 돈을 맡긴다.

지금과는 달리 15세기부터 19세기 사이에는 스위스의 최고 수출품은 용병이었다. 유럽 전쟁역사에서 가장 많이 용병으로 참여한 나라가 스위스다. 스위스는 농토가 넓은 타 유럽지역과 다르게 경작지가 없어서 먹고 살기가 어려웠다. 생계를 위협받은 스위스국민은 상대적으로 높은 보수를 받는 용병 일을 하게 되었다. 스위스는 그런 젊은 용병들의 피 위에 건립된 나라이다. 프랑스 대혁명 때 루이 16세를 끝까지 지킨 이들이 스위스 용병들이었다. 프랑스 궁전 수비대가 다 도망가도 그들은 끝까지 남아서 모두 전사했다. 시민혁명군들은 스위스 용병들에게 당신들은 용병이기 때문에 도망가라고 권유를 했지만, 그들은 이렇게 말했다. "아직 계약기간이 6개월이 남아서 우리는 도망갈 수가 없다." 그들은 자신들의 고용주를 위해 끝까지 저항하다 장렬히 전사한다. 당시 전사한 용병이 가족에게 쓴 편지 가운데 유명한 구절이 있다. "우리가 도망가서 신용을 잃으면 후손들은 영원히 용병 일을 할 수 없다. 그렇기에 끝까지 계약을 지키겠다."

세계에서 가장 작은 나라는 로마 안에 있는 교황이 사는 바티칸이다. 바티칸에는 피에로 옷을 입은 근위병들이 있다. 이 근위병들은 모두 스위스 특수부대 출신이다. 프랑스 황제 찰스 5세가 스페인 독일

연합군을 이끌고 교황청에 침입했을 때 끝까지 교황 클레멘타이 7세를 지켜낸 것이 스위스 용병들이다. 이로 인해 스위스 용병들은 그 이후 바티칸의 교황을 지키는 용병의 일을 지금까지 하고 있다. 더욱 놀라운 사실은 그때 교황을 죽이기 위해 고용되었던 용병도 스위스 인이며, 그 교황을 지키기 위해 끝까지 싸웠던 용병도 스위스 사람들이었다는 사실이다. 이런 역사적인 사건들을 통해서 스위스 군인들이 얼마나 신뢰를 받고 용맹스럽게 자신의 임무를 다했는지를 알게 된다.

### 사람의 보호는 한계가 있다

사람이나 동물이나 자식을 보호하고자 하는 보호 본능이 있다. 보호 본능은 남자보다는 여자가 훨씬 강하다. 동물들도 수컷보다 암컷이 훨씬 강하다. 일본에서 침팬지를 대상으로 부성애와 모성애에 관한 실험을 했다. 두 개의 울타리를 마련하여 바닥에 철판을 깔았다. 한쪽에는 아빠 침팬지와 새끼 침팬지를, 다른 한쪽에는 엄마 침팬지와 새끼 침팬지를 넣었다. 이후 양쪽 철판에 열을 가하기 시작했다. 철판은 점점 뜨거워지기 시작했다. 이때 무슨 일이 벌어졌을까? 아빠 침팬지는 새끼를 뜨거운 철판에 깔고 그 위에 올라섰다. 반면 엄마 침팬지는 새끼를 자신의 머리 위로 번쩍 들어 올렸다. 그 뜨거움을 고스란히 감당한 것이다. 이 실험을 통해 부성애보다 모성애가 확실히 강하다는 것이 증명되었다.

하지만 모성애가 아무리 강하다고 할지라도 사람이 사람을 보호하는 것은 분명 한계가 있다. 대통령을 보호하기 위해서 늘 경호원들이 같이 움직인다. 그들의 가장 큰 임무는 대통령의 안전이다. 경호원들은 눈빛부터가 다르다. 항상 위험요소가 있을 것을 대비해서 주위를 살피고 사람을 살핀다. 이렇게 철통같이 경호를 하지만 대통령 암살 사건은 일어나고 있다. 사람이 사람을 지키는데 허점이 있고 한계가 있다는 것이다. 걷는 놈 위에 뛰는 놈이 있고, 뛰는 놈 위에 나는 놈이 있고, 나는 놈 위에 노는 놈이 있다고 그러지 않는가?

### 하나님의 품이 안전지대다

아벨을 죽인 가인은 하나님을 떠나 에덴 동쪽 놋 땅에 거주한다. 하나님께서 가인에게 유리하는 자가 될 것이라고 했는데 가인은 하나님의 말씀을 거역하고 에녹을 낳은 후에 성(城)을 쌓는다. 그 성(城)의 이름을 아들의 이름과 똑같이 에녹이라고 부른다. 가인이 성(城)을 쌓겠다는 것은 그곳에 정착하겠다는 의지를 담은 것이다. 그는 하나님의 약속의 말씀을 믿지 못해, 스스로 자기를 보호하기 위해서 성(城)을 쌓았다. 성(城)을 쌓으면 방황하지 않고 유리하지 않을 것으로 생각했다. 그 성(城)이 자신을 보호해줄 것이라고 생각했다. 하지만 성(城)이 보호해 줄 수 없다. 세상에 그 누구도, 그 어느 것도 사람을 지켜줄 수는 없다. 오직 하나님만이 지켜줄 수 있다.

"여호와께서 집을 세우지 아니하시면 세우는 자의 수고가 헛되며 여호와께서 성을 지키지 아니하시면 파수꾼의 깨어 있음이 헛되도다"(시127:1)

하나님께서 성을 지키지 아니하시면 파수꾼이 아무리 깨어 있어도 헛되다. 안락지대는 있어도 안전지대는 없다. 엄청난 돈을 들여 지하 벙커를 구매해서 그 속에 있다고 안전한 것이 아니다. 안전하다고 착각할 뿐이다. 조정민 목사의 《길을 찾는 사람》에 이런 글귀가 있다.

"세상에 끊어지지 않는 동아줄은 없습니다. 끊어지지 않을 것이라고 착각하는 밧줄이 있을 뿐입니다. 이 땅에는 안전지대는 없습니다. 안전하다고 착각하고 있을 뿐입니다."

안전지대는 장소의 문제가 아니다. 시설의 문제도 아니다. 이 세상 어떤 장소, 어떤 시설도 안전하다고 보장할 수 없다. 우리가 유일하게 안전하게 보호받을 수 있는 단 한 곳이 있다. 바로 하나님 품이다. 하나님만이 참된 안전지대가 되신다. 하나님이 보호하시면 전쟁터도 안전지대가 된다. 물속도 안전지대가 된다. 폭풍이 휘몰아치는 현장도 안전지대가 된다.

### 하나님만이 우리를 지켜줄 수 있다

하나님만이 안전지대가 될 수 있는 것은 그분만이 우리를 지켜주실 수 있는 분이시기 때문이다.

> "여호와께서 너를 실족하지 아니하게 하시며 너를 지키시는 이가 졸지 아니하시리로다 이스라엘을 지키시는 이는 졸지도 아니하시고 주무시지도 아니하시리로다 여호와는 너를 지키시는 이시라 여호와께서 네 오른쪽에서 네 그늘이 되시나니 낮의 해가 너를 상하게 하지 아니하며 밤의 달도 너를 해치지 아니하리로다 여호와께서 너를 지켜 모든 환난을 면하게 하시며 또 네 영혼을 지키시리로다 여호와께서 너의 출입을 지금부터 영원까지 지키시리로다"(시121:3-8)

인간은 육체를 가지고 있어서 반드시 자야 한다. 하지만 하나님께서는 졸지도 아니하시고 주무시지도 아니하시고 지켜주신다. 하나님께서는 나일강에 던져진 3개월 된 아기 모세를 보호해 주셨다. 출애굽한 이스라엘 백성들을 낮에는 구름 기둥으로 인도하시고 밤에는 불기둥으로 보호해 주셨다. 신상 앞에서 절하지 않는다고 풀무 불에 던져진 다니엘의 세 친구를 보호해 주셨다. 하루 세 번 예루살렘을 향하여 기도했다는 이유로 사자 굴에 들어간 다니엘을 하나님께서 머리털 하나 상하지 않게 보호 해주셨다. 독사에 물린 바울을 지켜주셨다. 하나님께서는 하나님의 자녀들을 자기의 눈동자 같이 지켜주신다.

"여호와께서 그를 황무지에서, 짐승이 부르짖는 광야에서 만나시고 호위하시며 보호하시며 자기의 눈동자 같이 지키셨도다"(신32:10)

눈동자는 무엇이 막아 주는가? 눈꺼풀이 막아 준다. 어떤 위험이 감지되면 자동으로 눈꺼풀이 눈을 보호하기 위해서 눈을 덮어버린다. 눈동자 같이 지켜주셨다는 것은 하나님께서 눈꺼풀이 눈을 본능적으로 지키는 것처럼 보호하시고 지켜주셨다는 것이다. 일 년 동안 무탈하게 지내왔는가? 하나님의 보호하심이 있었기 때문이다. 감사하라. 하나님의 보호하심이 없이는 단 한순간도 단 하루도 살아갈 수 없다.

# 실패를 감사하라

**성장하기 위해서 실패라는 과정을 거친다**

자녀를 키우는 데 부모에게 가장 큰 걱정거리는 성장하지 않는 것이다. 나의 아들은 키가 작다. 아들의 키를 키우기 위해 어릴 적에 할 수 있는 것은 모두 해 봤다. 한약도 먹여 봤다. 성장판 검사도 했다. 일찍 자면 성장판의 활동으로 키가 큰다는 말 때문에 아들을 일찍 재우기도 했다. 어디 키뿐이랴. 공부 잘하는 방법을 강구하느라 별의별 노력을 다 기울였다. 성장하지 않으면 안 된다는 생각이 컸기 때문이다.

성장을 위해서는 반드시 거쳐야 하는 과정이 있다. 실패라는 과정이다. 이 과정이 없이 성장하고 성공한 사람은 없다. '147/805법칙'이란 것이 있다. 에디슨(Thomas Alva Edison)이 전구를 발명하기까지 147번의 실패를 거쳤다. 라이트 형제(Orville and Wilbur Wright)는 무려 805번의 실패를 거듭한 끝에 하늘을 나는 데 성공했다.

영화배우 실베스터 스탤론(Sylvester Stallone)은 스물두 살 때 유럽에서 미국으로 건너와 직업을 찾아 전전했다. 그의 전 재산은 낡고 오래된 고물차와 100달러가 전부였다. 스탤론은 싸구려 빵으로 배를 채우며 고물차를 타고 일자리를 찾으러 다녔다. '나는 이제 뭘 해야 할까?' 진로에 대한 고민을 거듭하던 그는 배우가 돼야겠다고 마음먹었다. 배우는 그의 꿈이었다. 그는 미국의 거의 모든 영화사를 찾아다니며 이력서를 돌리고 자신을 소개했다. 직접 쓴 시나리오를 보여주며 자신을 주연 배우로 써달라고 제안했다.

당시만 해도 잘생기고 준수한 외모가 아니면 배우가 되기 어려웠다. 스탤론의 외모는 영화계에서 원하는 수준에 미치지 못했기에 찾아간 모든 영화사로부터 거절당했다. 1,000번 넘게 거절당하는 모욕을 견딜 수 있는 사람이 몇이나 될까? 한 번의 거절도 치욕적일 텐데 스탤론은 수많은 거절을 당하면서도 꿈을 포기하지 않았다. 인내심을 가지고 계속 영화사를 돌아다니던 스탤론은 자신이 쓴 시나리오에 관심을 보이는 감독을 만났다. 감독은 시나리오를 사고 싶다고 했다. 하지만 스탤론에게 주연으로 캐스팅은 어렵고 작은 배역은 줄 수 있다고 제안했다. "자네가 주연을 맡으면 표가 한 장도 안 팔릴 거야." 그러자 스탤론이 이렇게 답했다. "제 시나리오가 마음에 드신다면 저를 주연으로 캐스팅해야 합니다. 그게 아니라면 시나리오를 절대 팔지 않을 겁니다." 스탤론의 말을 듣고 깊은 생각에 빠진 감독은 결국 그의 말을 따르기로 했다. 막상 영화가 개봉되자 스탤론은 단번에 세계적인 배우로 떠올랐다. 그리고 영화는 작품상과 감독상을 포함해 세 개의 아카데미상을 거머쥐며 큰 호평을 받았다. 실베스터 스탤론을 미국 최고의 스타로 만들어준 이 작품은 바로 〈록키〉다.

KFC의 창업자인 커넬 샌더스(Harland David Sanders)는 이렇게 말했다.

"실패는 꿈의 완성으로 가는 계단이다! 1,008번의 거절은 꿈을 이루는 곳으로 가는 1,008개의 계단이었다."

### 실패를 통해 배우라

실패는 자연스러운 것이다. 모든 사람이 실패를 경험하기 때문이나. 정말 부끄러운 것은 실패를 통해 배우지 못하는 것이다.

미국 미시간주에 있는 앤아버(Ann Arbor)에 가면 아주 특별한 박물관이 있다. 그 특별한 박물관은 실패박물관이다. 성공박물관도 아니고 실패박물관이 있다니 정말 특별한 박물관이라는 생각이 든다. 실패박물관은 지금 아버전략그룹에서 운영 중이다. 원래는 마케팅의 일환으로 로버트 맥매스(Robert McMath)가 40여 년에 걸쳐 수집한 7만여 개의 제품들을 아버전략그룹에서 2001년 구매한 것이다. 현재는 총 300개의 카테고리로 되어있고 10만여 개의 제품들이 전시되어 있다. 여기에 전시된 대부분 제품은 상품화되지 못하고 실패한 제품들이다. 재미있는 것은 글로벌 기업의 경영진들이 이곳을 자주 찾아온다는 사실이다. 그 이유가 무엇일까? 이곳이 '실패박물관'이기도 하지만 '도전박물관'이기 때문이다. 글로벌 기업의 경영진들은 도전하다가 실패한 제품들을 보면서 새로운 아이디어를 많이 얻을 뿐만 아니라 어떤 경우에는 그 당시에는 실패한 제품이지만 그것을 현재 상품화한 제품도 있다는 것이다. 실패박물관을 실패의 관점으로 바라보면 정말 실패박물관에 불과하다. 하지만 실패박물관을 도전의 관점으로 바라보는 사람에게는 도전박물관이 된다. 실패를 통해 배울 때 실패는 성공의 열쇠가 된다. 조 불러(Jo Boaler)는 《언락》에서 이렇게 말했다.

"사람의 뇌는 늘 성장하고 변한다. 무엇보다 실수와 실패, 힘든 노력의 과정이 학습 능력을 향상시키고 뇌를 성장하게 한다."

사람의 뇌가 실수와 실패를 통해서 더 성장한다면 실패는 실패로 끝나는 것이 아니라 성공을 향해 가는 디딤돌이 되는 것이다.

### 실패는 성공의 또 다른 이름이다

이어령 선생은 문화부 장관을 역임한 한국 최고의 지성인이다. 그는 먼저 고인이 된 딸 이민아 목사를 통해서 늦은 나이에 예수님을 영접하였다. 이어령 선생의 첫째 아들인 이승무는 영화감독이다. 선생은 아들에게 연하장을 보내면서 이렇게 썼다. "너는 실패해도 성공했다." 이어령 선생은 아들에게 어떻게 "실패해도 성공했다."라고 말할 수 있었을까? 그것은 그동안 아들의 실패에서 이미 성공을 보았기 때문이다. 실패하지 않고는 결코 성공할 수 없다는 사실을 이미 잘 알고 있었기 때문이다. 실패를 통해서만 성공에 다다를 수 있다는 사실을 잘 알고 있었기 때문이다. 실패는 성공이다. 실패는 성공의 반대말이 아니라 또 다른 이름이다. 실패 없는 성공은 존재하지 않는다. 누가 실패

없는 성공을 원한다면 가시 없는 장미를 원하는 것과 같다. 가시 없는 장미는 장미로서의 존재가치가 없다. 장미는 가시가 있어야 아름답다.

### 실패는 빨간 신호등에 불과하다

도로에 나가면 흔히 볼 수 있는 것이 신호등이다. 파란불이 켜지면 건너가고 빨간불이 켜져 있으면 파란불이 켜질 때까지 기다린다. 물론 무단횡단을 하는 사람들이 가끔 있지만, 가야 할 목적지가 있는 사람은 빨간 불이 켜져 있다고 해서, 그곳으로 갈 수 없다고 절망하지 않는다. 왜냐면 곧 빨간불이 파란불로 바뀌기 때문이다. 인생도 마찬가지다. 인생의 길을 걸으면서 항상 파란 불만 켜지는 사람은 없다. 우리는 '삶'이라는 길을 가고 있지만, 항상 파란 신호만 받으면서 갈 수 없다.

우리가 살아가면서 맞이하게 되는 시련과 실패를 단지 빨간 불이라고 생각해 보라. 빨간 불이 파란 불로 바뀌는 시간 동안만 참고 기다리면 다시 앞으로 걸어갈 수 있다. 삶은 계속 쉬지 않고 걸어가는 것이 아니고 걷다가 잠시 쉬고 또다시 걷기를 반복하는 파란 불과 빨간 불의 조화로 이루어져 있다. 메리 픽포드(Mary Pickford)는 이런 말을 했다.

"실패란 넘어지는 것이 아니라 넘어진 자리에 머무르는 것이다."

빨간불 앞에서 계속해서 머무르고 있거나 뒤돌아서지 않는 한 언젠가는 꼭 목적지에 도달하게 된다. 《해리포터》의 작가인 조앤 롤링(Joan K. Rowling)의 하버드대학 졸업식 축사 가운데 이런 내용이 있었다.

"여러분이 하버드를 졸업한다는 사실에서 저는 여러분이 실패하는데 익숙하지 않다는 점을 미루어 짐작할 수 있습니다. 성공하고자 하는 욕망 못지않게 여러분에게 동기를 부여하는 요인은 실패에 대한 두려움일 것입니다. 하지만 성공에 대한 열망만큼이나 실패에 대한 공포가 당신의 삶을 좌우할 것입니다. 인생에서의 실패는 피할 수 없는 것입니다. 실패 없이는 진정한 자신도, 진짜 친구도 결코 알 수 없습니다. 이것을 아는 것이 진정한 재능이고 그 어떤 자격증보다 가치 있는 것입니다. 실패가 두려워 아무 시도도 하지 않는다면 실패한 것이 없어도 그 삶 자체가 실패입니다."

성공이라는 글자를 현미경으로 들여다보면 그 속엔 크고 작은 실패가 수 없이 숨어있다. 실패를 두려워할 필요가 없다. 실패는 부끄러운 것이 아니다. 성장과 성공을 향해 가는 하나의 과정이다. 일년 동안 살아오면서 많은 실패를 했는가? 감사하라.

# 견딤을 감사하라

**견딤은 쓰임을 결정한다**

일본 나라현에 가면 호류사라는 절이 있다. 호류사는 1,000년 된 소나무로 지어졌다. 일본에서는 1,000년 이상 갈 수 있는 절이나 궁궐을 짓는 목수를 궁목수라고 한다. 호류사에서도 1,400여 년 동안 대대로 지켜온 궁목수 가문이 있다. 바로 니시오카(Nishioka) 가문이다. 이 가문에서는 후손들에게 이렇게 가르쳤다고 한다.

"1,000년 이상 갈 수 있는 건물을 지으려면 1,000년 된 노송을 써야 한다. 그리고 그런 나무로 건물을 짓는다면 모름지기 천 년은 갈 수 있는 건물을 지어야 궁목수로서 그 나무에게 면목이 서는 일이다."

이 말은 나무의 자연적 생명으로서의 수명과 목재로 사용된 뒤부터의 생명 연수가 같음을 말해주고 있다. 즉, 견딤의 시간이 쓰임의 기간을 결정한다는 의미이다. 천년을 견딘 나무이기 때문에 천 년의 쓰임을 받는다는 것이다. 견딤은 인생이라는 나무의 강도를 나타내는 인생의 나이테다. '견딤'은 인생이라는 나무를 더욱 단단하고 아름답게 만들기 위해 꼭 필요한 과정이다.

### 견딤 속에는 만들어짐이 있다

2018년 2월 21일 20세기 최고의 복음 전도자였던 빌리 그래함(Billy Graham) 목사가 99세의 일기로 하나님의 부름을 받았다. 그는 1918년 11월 7일 미국 노스캐롤라이나주 샬럿에서 4남매 중 장남으로 태어났다. 16세에 회심한 후, 1940년 플로리다 성경대학을 졸업하고 남 침례회에서 목사 안수를 받았다. 그 후 1950년에 빌리 그레이엄 전도협회를 창설하면서 세계적인 부흥사가 된다. 185개국을 누비며 2억 명에게 직접 하나님의 말씀을 전했다. TV와 라디오를 포함하면 22억 명이 넘는다. 공산권 복음화에도 매진했다.

한국과의 인연도 빼놓을 수 없다. 6·25전쟁 중이었던 1952년 12월에 우리나라에 와서 부흥집회를 인도했다. 이승만 대통령을 만나 전쟁의 아픔을 나누었다. 1973년 여의도광장에서 개최된 전도집회에서는 5일간 110만 명 이상의 군중이 모였다. 빌리 그래함 목사는 20세기 최고의 복음 전도자로 하나님께 쓰임 받다가 하나님 곁으로 갔다. 그리스도인들은 누구나 빌리 그래함 목사 정도는 아니더라도 하나님께 쓰임 받고 싶은 마음이 있다. 나도 마찬가지다. 그런데 쓰임 받고 싶다고 쓰임을 받을 수 있는 것이 아니다. 쓰임 받기에 합당해야 한다. 하나님께서는 아무나 쓰시는 것이 아니다. 쓰시기 위해서 과정을 거치게 한다. 그 과정 중에 가장 중요한 과정이 견딤의 과정이다. 견딤의 과정을 얼마나 잘 이기고 나오느냐에 따라 그 쓰임이 달라진다. 이 사실을 알았던 욥은 이렇게 고백한다.

"그러나 내가 가는 길을 그가 아시나니 그가 나를 단련하신 후에는 내가 순금 같이 되어 나오리라"(욥23:10)

욥은 이 말씀처럼 고난을 통해 단련되어 순금같이 나왔다. 견딤이 하나님께 쓰임 받는 과정이 되는 것은, 그 속에 만들어짐이 있기 때문이다. 즉 하나님께서는 견딤의 과정 속에서 하나님께서 쓰시기에 합당한 그릇으로 만들어 가신다. 견딘다는 것은 그 과정에서 모난 부분들이 다듬어지고 부족한 부분들이 채워져 감을 의미한다. 마치 토기장이가 물레에서 진흙 한 덩어리를 그릇으로 만들어가는 과정과도 같다. 토기장이는 자신이 원하는 그릇을 만들기 위해서 진흙 덩어리를 손으로 빚는다. 토기장이를 하나님이라고 생각하고 진흙 덩어리를 사람이라고 생각해 보라. 모난 부분들이 깎여 나갈 때는 아플 수밖에 없다. 하지만 아픔의 과정을 견디어 나갈 때 하나님께서 원하시는 그릇으로 만들어진다.

### 알아야 견딜 수 있다

일 년을 감사함으로 지내는 것은 만만치 않다. 일 년이 만족함으로 채워지는 것은 복 받은 사람이다. 일 년을 시작하는 첫날은 희망이 가득한 상태로 출발한다. 하지만 연말이 다가올수록 희망은 초라함으로 바뀌기 일쑤다. 일 년을 보내는 것은 견딤으로 가능하다. 견디는 것은 초라한 것이 아니다. 위대한 것이다. 능력이 있어야 견딜 수 있기 때문이다. 주어진 시간을 그냥 흘려보내는 것을 견디는 것이라 할 수 없다.

철저한 계획이 있어야 한다. 최고로 몸부림쳐야 한다. 그래야 견딜 수 있다. '코로나19' 사태에서 살아남는 것은 쉽지 않다. 금융과 실물경제가 최악인 상태를 넘어가는 것은 완벽한 계획이 아니면 불가능하다.

일 년을 견디려면 일 년을 보내는 법을 알아야 한다. 그래야 알차게 보낼 수 있다. 동양 최고의 여행기를 쓴 연암 박지원은 순 임금과 공자가 위대한 인물이 된 것에 대해 그들은 배우기를 잘하고 모르는 것은 물어보기를 좋아했기 때문이라고 했다. 공부하는 것을 게을리하지 않는 것은 지혜로워지는 삶이다.

배워야 알찬 일 년을 보낼 수 있다. 자동차 왕인 헨리 포드(Henry Ford)도 "배우기를 멈추는 사람은 20세건 80세건 늙은 것이다. 반대로 계속 배우려고 하는 사람은 나이에 상관없이 젊다고 할 수 있다. 인생에서 가장 위대한 것은 마음을 젊게 유지하는 것이다."라고 말했다. 일 년을 배우는 자세로 살아야 한다.

### 믿음으로 살아야 한다

진짜 감사는 "김칫국부터 마시는 것"이다. 예전에 한 성도가 미리 감사를 했다. 다른 말로 하면 선불로 감사를 했다는 것이다. 지금은 선불로 감사하라고 하면 광신적이라 할지도 모르겠다. 한홍 목사는 "기적이 일어나기 전에 감사하는 것이 믿음이다."라고 했다. 믿음이란 "바라는 것들의 실상이요. 보이지 않는 것들의 증거(히11:1)"이기 때문이다. 김칫국부터 마시는 감사는 믿음이 있어야 가능하다.

일 년이라는 시간을 어떻게 살아야 하는지 알고 계획성 있게 살아야 한다. 아무리 계획성 있게 살아도 믿음으로 살지 않으면 그 가치는 희석된다. 믿음으로 산다는 것은 어떻게 보면 세상에서 바보처럼 사는 것이다. 이는 자신을 위한 바보가 아니라 그리스도를 위한 바보가 되는 것을 의미한다. 그리스도를 위해 바보로 사는 사람이 믿음의 거인이다. 이러한 믿음의 거인이 세상을 거스르며 세상의 선택과는 다른 길을 갈 수 있다. 역사 속의 위대한 그리스도인들은 유혹이 거세게 몰려올 때마다 믿음으로 세상에 맞섰다. 존 웨슬리(John Wesley)는 믿음을 아래와 같이 정의한다.

"믿음이란 모든 사물 속에서 그분을 보는 것, 그분을 기쁘시게 해드리기 위해 모든 것을 사용하는 것, 어디 있든지 무엇을 하든지 우리를 늘 보고 계시는 그분을 보는 것, 그리고 그분의 발 앞에 우리의 모든 짐을 벗어 놓는 것을 뜻합니다."

일 년을 살아내려면 믿음으로 장착되어야 한다. 고통이 찾아 왔을 때 믿음으로 견뎌야 한다. 소설가 박완서 선생은 1988년 서울 올림픽이 개최된 해에 남편을 병으로 잃고 넉 달 뒤에는 스물여섯 살 사랑하는 아들을 사고로 또 잃었다. 이 고통을 어떻게 헤아릴 수 있겠는가. 한 번은 잡지사 기자가 박완서 선생과의 인터뷰 가운데 이렇게 질문을 했다. "선생님, 그러한 고통을 어떻게 극복하셨습니까?" 선생은 이렇게 대답했다. "그것은 극복하는 게 아니라 그냥 견디는 것입니다." 고통은 극복하는 것이 아니라 그냥 견디는 것이라는 말이 마음에 와닿는다. 고통에 대해 저항하면 저항할수록 더욱 고통스러워진다. 고통은 저항하는 것이 아니라 믿음으로 견디는 것이다. 고통 가운데 있을 때는 견디는 것 자체가 그리스도인에게는 믿음이다.

### 단순해져야 견딜 수 있다

일 년을 견디려면 단순하게 살아야 한다. '코로나19' 사태로 삶이 단순해졌다. 단순하지 않으면 살 수 없기 때문이다. 바이러스에 감염된 사람은 병상이나 정해진 숙소에서 2주간 격리되어야 한다. 격리된 뒤 음성 판정을 받아야 병상이나 정해진 숙소에서 나올 수 있다. '코로나19' 바이러스에 걸리면 강제된 단순한 삶을 살 수밖에 없다. 주어진 식사 외에는 할 수 있는 것이 없다. 운동도 정해진 공간에서 해야 한다. 24시간 갇힌 공간에 있어야 한다.

그리스도인이 일 년을 보낼 때도 할 수만 있다면 단순해야 한다. 17년간 애플의 창업자인 스티브 잡스(Steve Jobs)와 함께 일했던 켄 시걸(Ken Segall)이 이런 말을 했다.

"잡스가 거둔 최대의 업적은 맥이나 아이팟, 아이폰, 아이패드가 아니다. 그는 일찍이 누구도 생각지 못한 무언가를 성취했는데, 그건 바로 단순함(simplicity)이다. 잡스에게 단순함은 종교였고 무기였다. 단순해지려면 사실 엄청난 노력이 필요하다. 이는 기업이 '단순해지자'라고 선언하는 것만으로 결코 얻을 수 없고, 단순함을 향해 전부를 걸어야 겨우 얻을 수 있다. 자동 변속기는 쉽고 단순하다. 하지만 그걸 개발하기 위해서는 수동 변속기를 만드는 것보다 몇 배의 고민과 노력이 필요하다. 소비자가 쉽고 단순하게 받아들이려면, 만드는 사람은 엄청나게 생각하고 정교하게 갈고 닦아야 한다."

잡스가 애플을 전 세계 시가총액 1위 기업으로 만든 비결은 바로 단순함이다. 단순함은 복잡함을 이긴다. 단순함은 능력이다.

하나님의 자녀들은 단순해야 한다. 단순하면 어떤 어려움도 견뎌낼 수 있다. 단순하기 위해서는 하나님을 우선순위에서 밀려나게 하는 것은 가감하게 버리고 정리해야 한다. 하나님의 말씀을 기준으로 삼고 '예', '아니요'를 분명하게 해야 한다. 일 년을 잘 견디어 왔다면 감사하라.

# 한 해를 돌아보며 감사하라

### 한 해, 하나님의 은혜에 감사하라

"그러나 내가 나 된 것은 하나님의 은혜로 된 것이니 내게 주신 그의 은혜가 헛되지 아니하여 내가 모든 사도보다 더 많이 수고하였으나 내가 한 것이 아니요 오직 나와 함께 하신 하나님의 은혜로라"(고전15:10)

한 해를 돌아보며 할 말이 딱 하나 있다. "하나님의 은혜다." 더이상 다른 어떤 말이 필요 없다. 하나님의 은혜가 아니면 일 년을 무사히 보낼 수 없기 때문이다. 일 년을 시작할 때마다 늘 듣는 주님의 말씀이 있다. "내가 반드시 너와 함께 있으리라(출3:12)." 예수님의 별칭이 "임마누엘!"이다. "하나님이 우리와 함께 계시다." 일 년을 무탈하게 보낸 것은 하나님께서 우리와 함께 계시기 때문이다. 송구영신 예배 때마다 늘 해야 할 고백은 "부족한 저와 함께 해주셔서 감사드립니다."이다.

나는 하루하루 보내면서 하루에 대한 자체 평가를 한다. "하루에 만족한다. 상, 중, 하" 그러면 언제나 상이다. 한 해를 보낼 때마다 자체 평가를 한다. "한 해를 통해 하나님께 감사하다. 상, 중, 하" 역시 상이다. 서울여자대학교 교수인 장경철은 《흔적의 신학》에서 하나님이 주시는 복에는 언제나 '기뻐함과 즐거워함과 감사함과 창화하는 소리' 가 뒤따른다고 한다. 나에게도 마찬가지다. 언제나 감사밖에 할 것이 없다.

### 감사는 선택이다

내가 항상 감사하는 것은, 감사를 선택했기 때문이다. 일 년이라는 시간 동안 왜 나에게 슬픔이 없었겠는가? 아픔이 없었겠는가? 하지만 나는 항상 감사를 선택했다.

실존주의 철학자인 장 폴 사르트르(Jean Paul Sartre)는 '인생은 B(Birth)와 D(Death) 사이의 C(Choice)이다.'라고 말했다. 곧 인생이란 태어남과 죽음 사이에서 늘 무엇인가를 선택하며 사는 것이라는 말이다. 감사도 선택이다. 감사는 감사를 선택한 사람만이 할 수 있다. 살다 보면 감사할 일이 많아서 감사하는 것이 아니라, 감사를 선택함으로 인해 감사한 일이 더 풍성해지는 것을 경험한다.

그럼에도 많은 사람이 감사를 선택하지 못하는 이유가 무엇일까? 보이는 결과에 집중하기 때문이다. 하나님께서 축복을 해주셨을 때, 좋은 일이 생겼을 때, 감사하지 않을 사람은 없다. 하지만 어디 우리의 인생이 좋은 일들로만 가득하겠는가. 때로 억울함을 당하기도 하고 슬픔을 당하기도 한다. 생각지 못한 어려움을 당할 때도 있다. 이렇게 보이는 결과만 보면 감사할 수가 없다. 그러나 보이는 것에 주목하지 않고 그 배후에 계시는 주님을 생각하면 감사할 수 있다. 합력하여 선을 이루시는 주님의 뜻을 알면 감사할 수 있다.

> "비록 무화과나무가 무성하지 못하며 포도나무에 열매가 없으며 감람나무에 소출이 없으며 밭에 식물이 없으며 우리에 양이 없으며 외양간에 소가 없을지라도 나는 여호와로 말미암아 즐거워하며 나의 구원의 하나님을 인하여 기뻐하리로다"(합3:17-18)

하박국 선지자는 보이는 결과에 주목하지 않았다. 보이는 결과를 가지고는 감사할 수가 없다. 무화과나무가 무성하지 않는데, 포도나무에 열매가 없는데, 감람나무에도 소출이 없는데 어떻게 감사할 수 있겠는가? 밭에 식물이 없는데, 양, 소도 없는데 어떻게 감사할 수 있겠는가? 하박국 선지자는 결과가 아닌 자신을 구원하신 하나님께 주목하였기에 하나님으로 인해 감사할 수 있었다. 보이는 결과가 아니라 하나님을 주목하였을 때 감사를 선택할 수가 있었다.

### 감사는 감사를 부른다

감사에는 신비함이 있는데 그것은 감사가 감사를 부른다는 것이다. 욕심은 화를 부르지만, 감사는 또 다른 감사할 일을 부른다. 그 이유는 '감사'가 '위대'하기 때문이다. 라이프 곱스(Life Gobs)는 감사의 위대함을 이렇게 말했다.

> "감사할 줄 모르는 자를 벌하는 법은 없다. 감사할 줄 모르는 삶 자체가 벌이기 때문이다."

감사할 줄 모르는 사람은 결국 징벌을 받는 것과 같다. 감사가 감사를 부르게 하려면 기록하는 것이 좋다. 오프라 윈프리(Oprah Gail Winfrey)는 감사 일기를 쓴다. 감사 일기를 쓰기 때문에 감사할 거리가 더 많아졌다고 고백한다. 그녀는 하루 동안 일어났던 일 가운데 다섯 가지 감사 목록을 찾아 기록하는데, 감사의 내용은 거창한 것이 아니고 아주 작은 일상의 것들이었다.

첫째, 오늘도 거뜬하게 잠자리에서 일어날 수 있어서 감사합니다.

둘째, 유난히 눈부시고 파란 하늘을 보게 해주셔서 감사합니다.

셋째, 점심때 맛있는 스파게티를 먹게 해주셔서 감사합니다.

넷째, 얄미운 짓을 한 동료에게 화내지 않았던 저의 참을성에 감사합니다.

다섯째, 좋은 책을 읽었는데, 그 책을 써 준 작가에게 감사합니다.

감사에 대해 눈을 뜨면 감사의 조건은 멀리 있지 않다는 것을 깨닫는다. 일상 속에 일어난 작은 것들에 대한 감사를 기록할 때 감사의 제목들은 점점 많아진다. 마틴 셀리그만(Martin Seligman)은 《마틴 셀리그만 플로리시》에서 이런 말을 한다.

"감사하는 것을 기록하게 되면 행복도 많아진다."

감사를 기록하면 감사로 그치지 않고 그것이 행복으로 이어진다. 우리나라의 옛 속담 중에 '은혜는 바위에 새기고 원한은 강물에 새긴다.'라고 했다. 감사를 기록하면 감사가 마음에 새겨진다. 마음에 새겨지면 삶이 풍성해진다. 성공한 사람이 한결같이 하는 말이 있다. '감사합니다'라는 말이다. 그들은 '감사합니다'라는 말을 아끼지 않는다. 늙음에 관한 이야기할 때도 감사가 중요하다. 나이가 들고 늙어서 감탄과 감사를 잃어버리는 것이 아니다. 감사와 감탄을 잃어서 늙어 가는 것이다. 늙지 않으려면 감사하며 살면 된다.

### 철저한 자기 관리가 필요하다

일 년을 보낸 뒤 감사할 수 있으려면, 철저한 자기 관리를 해야 한다. 환경에 지배를 받게 되면 자기 관리가 안 된다. 환경에 따라 삶이 좌우되는데 어떻게 감사하면서 살아 낼 수 있겠는가.

TV조선 '미스터트롯' 1대 진(眞)의 주인공인 임영웅은 철저한 자기 관리를 통해 일구었다. 그는 지독한 연습벌레다. 호흡을 어디서 쉴지, 어디에서 세게 부르고 약하게 할지. 여기서 멈춰보고 저기서 강약도 주고, 살살 불러보기도 하면서 수만 개 조합 중에서 최적의 소리를 찾은 뒤 몸에 익을 때까지 연습했다. 연습시간은 10시간을 훌쩍 넘기기 일쑤였다. 그는 엄격한 자기 관리를 통해 형식적 완성도를 넘어 임영웅식 감성적 트로트의 세계를 구축해왔다.

뉴욕 메트로폴리탄 오페라단의 소프라노 신영옥은 자타가 공인하는 최고의 소프라노다. 그녀는 자기 관리가 철저하다. 그녀의 얘기다.

"저는 지금도 보컬 트레이닝을 받아요. 최상의 소리를 내기 위해서요. 하루만 노래를 부르지 않아도 제가 먼저 압니다. 제가 내야 할 완벽한 음이 나오지 않거든요. 제 방에는 아주 큰 거울이 있어요. 그 거울 앞에서 무대에서 신는 하이힐을 신고 매일 노래 연습을 합니다. 공연 무대, 호텔, 집, 이것이 제 삶의 공간 전부예요. 나도 친구들과 느긋하게 저녁을 먹고 싶지만, 상상도 할 수 없는 일이죠. 그러려면 공기 나쁜 곳에 앉아 있어야 하는데, 목에는 치명적인 일이에요. 제 방은 습도와 청정도를 유지할 수 있지만, 레스토랑은 그렇지 않거든요. 그래서 아예 나서지 않습니다. 그리고 사람들 만나면 말을 많이 해야 하잖아요. 저는 노래할 때 외에는 가능한 목을 쓰지 않습니다."

신영옥은 한 마디로 하루 24시간 어떻게 하면 노래를 잘 부를 수 있을까, 목을 보호할 수 있을까에 목숨을 걸고 있는 것이다. 그리스도인들은 무엇보다 영적인 면에서 자기 관리를 철저히 해야 한다. 그리스도인에게 기본적인 영적 관리는 말씀과 기도와 예배다. 영적인 만족이 없으면 육적인 것이 아무리 채워져도 공허함을 느낄 수밖에 없다. 한 해 동안 자기 관리를 철저히 하는 사람은 한 해의 마지막에 승리의 축포를 터트릴 수 있다. 하나님께 감사할 수 있다.

# 04
## 평생에 대한 감사

# 사명주심을 감사하라

**그리스도인은 사명을 위해 살아야 한다**

이 땅에는 세 종류의 인생이 있다. 첫째, 생존을 목적으로 사는 인생이다. 생존을 목적으로 살아가는 사람들은 오로지 먹고사는 것에만 집중한다. 이런 사람들에게 전도하면 먹고 살기도 바쁘다고 한다. 교회 다닐 시간이 어디 있느냐고 반문한다. 예수님께서 마태복음 6장에서 말씀하신 대로 '무엇을 먹을까, 무엇을 마실까, 무엇을 입을까'가 저들의 관심사다. 지극히 본능적인 삶에 치우치고, 모든 것이 그 수준에 머무는 사람들이다.

둘째, 성공을 목적으로 사는 인생이다. 이 사람들은 생존을 목적으로 하는 인생보다는 한 단계 업그레이드된 사람들이다. 이들은 본능적인 삶을 뛰어넘어 세상에서 무엇인가 종적을 남기고 싶어 한다. 이들의 관심사는 소위 '출세'에 있다. 유교에서 말하는 입신양명(立身揚名)에 있다.

셋째, 사명을 목적으로 사는 인생이다. 사명은 돈으로 살 수 있는 것이 아니다. 사명을 목적으로 살아가는 사람은 수준이 다른 삶을 산다. 물론 이 사람들 가운데 생계가 문제가 되는 사람도 있다. 하지만 먹고사는 것에 목숨을 걸지는 않는다. 오로지 자신에게 주어진 사명에 목숨을 건다. 이들 중에는 소위 성공한 사람도 있다. 하지만 성공 자체를 누리기보다는 그 성공을 통해 자신이 평생 감당해야 할 사명을 완수하기 위해 최선을 다한다. 그리스도인은 사명을 목적으로 사는 인생을 살아야 한다. 사명에 목숨을 거는 인생이 돼야 한다.

### 사명은 자동항법장치다

악천후 가운데 비행기를 탈 때 왠지 걱정될 때가 있다. 특히 먹구름이 꽉 끼어 있을 때 더욱 그렇다. 이런 걱정과는 달리 조종사는 하늘도 땅도 보이지 않는 먹구름 속에서도 정확하게 목적지에 착륙한다. 어떻게 이것이 가능할까? 자동항법장치 덕분이다. 자동항법장치란 비행기가 예정된 경로와 고도로 항행(航行)할 수 있도록 만든 자동 조종장치이다. 항로를 정확하게 안내하는 자동항법장치 덕분에 비행기는 악조건의 기상상태에서도 안전하게 비행과 착륙을 할 수 있다.

우리의 삶에도 이러한 자동항법장치가 있다. 사명이다. 아무리 어렵고 힘든 상황 가운데서도 사명이 흔들리지 않으면 이겨낼 수 있다. 잘못된 길에 들어섰다가도 다시 제자리로 돌아올 수 있다. 사명을 위해서라면 기꺼이 목숨도 내어놓는다. 철학자이자 심리학자인 윌리엄 제임스(William James)는 "우리의 삶을 가장 잘 사용하는 방법은, 삶보다 오래 남을 수 있는 일에 사용하는 것이다."라고 했다. 삶보다 오래 남는 일이 무엇이겠는가? 사명을 감당하는 것이다.

## 닳아서 없어지는 인생이 돼라

요한 웨슬리(John Wesley)와 조나단 에드워드(Jonathan Edwards)와 함께 18세기에 영적 대각성 운동을 일으킨 사람이 조지 윗필드(George Whitefield)다. 그는 육성으로 3만 명가량의 군중들에게 설교할 정도로 매우 탁월한 능력을 지닌 설교가였다. 그는 가는 곳마다 사람들의 영혼을 뒤흔드는 설교를 했다. 안타까운 것은 바쁜 일정으로 그의 건강은 매우 나빠졌다. 그는 결국 1770년 9월 30일 하나님의 부름을 받게 된다. 그 전날 그와 함께 여행했던 스미스라는 청년이 윗필드의 건강이 염려가 되어 "오늘은 설교하시지 말았으면 좋겠다."라고 부탁했다. 그때 윗필드가 남긴 유명한 말이 있다.

"나는 녹슬어 없어지기보다 닳아서 없어지기를 원하노라."

이 말은 마지막까지 주어진 사명에 최선을 다했던 조지 윗필드가 하나님께 드린 고백이다. 이 고백은 모든 그리스도인의 고백이 되어야 한다.
지금 가슴에 손을 얹고 '나는 과연 어떤 인생을 살고 있는가? 나의 사명은 무엇인가?' 질문 해보라. 인도의 음유시인인 인드라 초한(Indra Chauhan)도 이런 말을 했다.

"일생을 바쳐도 되겠다고 생각할 수 있는 일을 찾으라. 그것은 마음과 영혼이 기뻐하는 일이어야 한다. 마음도 몸도 피곤하지 않은 일, 이것이 세상에서 해야 할 사명이다."

어떤 선교사님은 관심이 사명이라고 했다. 하나님이 우리 마음 안에 주시는 관심이, 부담감이, 열정이 바로 사명이라는 것이다. 눈물이 사명이라고 했다. 내가 겪은 아픔이, 눈물이 있다면 그것이 사명이라는 것이다. 가진 것이 사명이라고 했다. 남들보다 하나 더 가진 것이 있다면 그것이 사명이라는 것이다. 그리스도인은 하나님께서 주신 사명을 발견하고 그 사명을 위해 녹슬어 없어지는 인생이 아니라 닳아서 없어지는 인생을 살아야 한다.

### 복음 전파는 그리스도인의 공통된 사명이다

하나님께서 하나님의 백성들 각자에게 주신 사명도 있지만, 모두에게 주신 공통된 사명이 있다. 복음 전파의 사명이다. 'Mission'이 단어는 라틴어의 '보내다'라는 의미의 'mitto'에서 유래 되었다. 그리스도인이 되었다는 것은 예수 그리스도를 대표해서 이 땅 가운데 보내지는 것 또한 포함한다. 예수님께서 이렇게 말씀하셨다.

"아버지께서 나를 보내신 것 같이 나도 너희를 보내노라"(요 20:21)

그리스도인들은 예수님으로부터 세상 가운데 보냄을 받은 사람들이다. 보냄을 받은 사람에게는 분명한 사명이 주어진다. 하나님께서 그냥 보내신 것이 아니라, 보내신 목적이 있다. 그 목적, 사명은 사람들에게 '하나님을 알리는 것'이다. 즉 복음의 증인이자, 예수님의 증인으로 사는 것이다.

"너희는 온 천하에 다니며 만민에게 복음을 전파하라"(막16:15)

"그러므로 너희는 가서 모든 민족을 제자로 삼아 아버지와 아들과 성령의 이름으로 세례를 베풀고 내가 너희에게 분부한 모든 것을 가르쳐 지키게 하라 볼지어다 내가 세상 끝날까지 너희와 항상 함께 있으리라 하시니라"(마28:19-20)

### 그리스도인들은 모두 선교사다

복음 전파의 사명은 목사와 선교사에게만 주어진 것이 아니다. 예수님을 믿는 모든 사람에게 주어졌다. 이것은 예수님께서 그리스도인들에게 부탁하신 말씀이 아니다. 명령이다. 우리가 선택할 수 있는 것이 아니라는 의미이다. 반드시 해야 하는 것이다. 손창남 선교사는 요리사의 예를 들어 모든 성도는 선교사가 되어야 함을 설명한다.

"선교는 선교사만의 전유물이 아닙니다. 이것은 요리가 요리사의 전유물이 아닌 것과 같습니다. 많은 사람이 요리를 합니다. 가정주부는 거의 대부분 집에서 요리를 한다고 해도 과언이 아닙니다. 그러나 그 가운데 요리사라고 하는 타이틀을 지닌 사람은 제한적인 것과 동일합니다."

모든 그리스도인이 선교사라는 의미는 엄마들이 요리사가 되는 것과 같다. 엄마들은 전문 요리사는 아니지만 못지않은 요리 실력을 갖추고 있다. 많은 엄마는 전문 요리사보다 음식을 더 맛있게 만들기도 한다. 세상의 모든 엄마가 전문 요리사가 아니어도 가족을 위해 음식을 만드는 것처럼 모든 그리스도인도 선교사가 되어야 한다.

이 세상에 예수님이 필요 없는 사람은 단 한 사람도 없다. 부유한 사람이든 가난한 사람이든 예수님이 필요하다. 성공한 사람이든 실패한 사람이든 예수님이 필요하다. 어린아이든 어른이든 예수님이 필요하다. 예수님 외에는 구원의 길이 없기 때문이다.

세상 사람들에게 세상을 사는 목적이 무엇이냐고 물으면 대부분 행복이라고 대답한다. 그리스도인의 대답은 달라야 한다. 행복하기 위해서가 아니라 사명을 이루기 위해 살아간다고 대답해야 한다. 하나님께서 주신 사명이 무엇인지를 알고 살아가고 있는가? 감사하라. 이 세상에 많은 사람이 있지만, 그 가운데 나를 구원하시고 하나님의 자녀삼아 주신 것에 감사하라. 이 구원의 은혜를 늘 감사하며 하나님 앞에 설 때까지 복음을 전하는 선교사로서의 사명을 감당하라.

# 만남을 감사하라

### 만남은 하나님이 허락하신 것이다

사람이 가지는 가장 큰 염려 중의 하나가 미래에 대한 염려이다. 불확실한 미래는 사람을 불안하게 만든다. 하지만 아직 오지 않은 미래를 염려한다고 더 나은 미래로 바뀌지 않는다. 사람의 미래는 현재의 삶과 연결되어 있다. 스티브 잡스(Steve Jobs)는 우리가 살아가는 순간을 점으로 비유했다. 그 점은 따로 떨어져 있는 것 같지만, 연결되어 있다고 말한다. 과거의 어떤 점이 연결되어 오늘에 내가 있다. 내가 오늘 어떤 삶을 살아가느냐가 내일의 한 점과 연결된다. 내가 살아가는 오늘의 점이 미래의 어떤 점으로 연결된다면 오늘 최선을 다하는 삶을 살아야 하지 않겠는가. 그뿐만 아니라 미래를 준비하는데 중요한 것이 만남이다. 삶은 만남의 연속이다. 그러므로 만남이 인생을 만들어 간다고 해도 과언이 아니다. 우에니시 아키라(Uenishi Akira)는 《마법의 언어》에서 만남의 중요성을 이렇게 이야기한다.

"사람과의 만남을 소중히 하면 그만큼 소망을 이룰 수 있는 가능성은 높아지는 것이다. 반대로 '사람과의 만남에 서툴고 피곤해서'라든지 '귀찮아서'라며 거부를 한다면 절호의 찬스를 놓쳐 버리게 되는 것이다."

《따뜻한 인연》이라는 글 가운데도 이런 구절이 나온다.

"처음 만남은 하늘이 만들어 주는 인연이고, 그다음부터는 인간이 만들어가는 인연이다. 만남과 관계가 잘 조화된 사람의 인생은 아름답다. 만남에 대한 책임은 '하늘'에 있고, 관계에 대한 책임은 '사람'에게 있다. 좋은 관계는 저절로 만들어지지 않는다. 서로 노력하고 애쓰면서 좋은 관계를 맺으려고 해야 결과적으로 원하는 바를 이룰 수 있다."

만남은 하나님께서 허락하신다. 가수 노사연의 '만남'이라는 노래의 가사 중에 이런 대목이 있다. '우리 만남은 우연이 아니야' 이 가사는 굉장히 성경적이다. 이 가사처럼 우리의 만남은 우연한 것이 없다. 만남은 하나님께서 허락해 주셨기 때문이다. 하지만 만남이 좋은 인연으로 이어지게 하는 것은 바로 나의 몫이다.

### 만남이 운명을 바꾼다

최인호가 쓴 《상도》라는 소설이 있다. 이 책에 보면 우리나라가 생긴 이래 최대의 부를 일구었던 최고의 상인, 임상옥과 당시 최고의 권력자였던 박종경 대감의 만남이 나온다. 대감은 문객들에게 이렇게 묻는다. "숭례문에 하루에 들어오고 나가는 사람이 모두 얼마인 줄 아느냐?" 이 난데없는 질문에 아무도 대답을 못하자 임상옥이 나선다. "숭례문에 하루에 들어오고 나가는 사람은 모두 두 사람입니다.", "어째서 두 사람인가?", "숭례문에 들어오는 사람이 하루에 만 명을 넘건 말건 대감 어른께 한 사람은 이로운 사람이고 나머지 한 사람은 해로운 사람이 아니겠습니까? 이로운 사람도 해로운 사람도 아닌 사람은 쓸모없는 사람으로 셀 필요도 없으니, 오직 있는 사람은 대감에게 이로운 사람인 이(利)가와 해로운 사람인 해(害)가뿐이 아니겠습니까?"

대감이 다시 이렇게 묻는다. "내게 이로운 사람은 어떤 사람인가?", "이로운 사람으로는 세 유형이 있는데 첫째는 정직한 사람이요, 둘째는 성실한 사람이요, 셋째는 박학다문(博學多聞) 한 사람입니다." 대답을 들은 대감은 그럼 해로운 사람은 어떤 사람인지 임상옥에게 물었다. "해로운 사람도 세 유형이 있는데 하나는 아첨하고 정직하지 못한 자요, 둘째는 신용이 없이 간사한 자요, 셋째는 진실한 견문이 없이 감언이설 하는 자입니다.", "그렇다면 자네는 누구신가. 스스로 말해보시게나." "만약, 제가 이로운 사람이라면 언젠가는 대감 어른께 해로운 사람이 될 것입니다. 이익이란 결국 나 자신을 위한 것이므로 다른 사람에게는 손해를 주게 되나이다. 이익이 있는 곳에는 반드시 원망과 원한이 생기게 되어 있나이다." 임상옥의 말에 대감은 다시 묻는다. "이가도 해가도 아니라면 자네는 도대체 누구신가?", "소인은 이가도 해가도 아닌 다른 성을 가졌나이다. 소인은 의(義)가니이다."

임상옥은 논어에 나오는 "군자는 의를 따르지만 소인은 이를 따른다."라는 말을 인용했다. 이 대화는 임상옥의 운명을 바꾸어 놓았다. 임상옥은 일면식도 없었던 최고의 권력자인 박종겸 대감과의 인연을 만들고, 마침내 조선 최고의 상인으로 가는 발판을 다지게 된다.

### 좋은 만남은 좋은 결과를 만든다

바울은 실라와 디모데와 함께 제2차 전도여행을 하다가 아덴에서부터 혼자 복음을 전하였다. 아덴에서 사역의 실패를 맛본 바울은, 고린도에 내려오면서도 실망감에 빠져 있었다. 그때 하나님께서는 바울과 브리스길라 부부의 만남을 허락하신다. 이 부부는 원래 로마에서 살고 있었지만, 주후 49년 당시 황제인 글라우디오가 유대인 추방령을 내려서 고린도로 오게 되었다. 이들은 바울과 함께 고린도교회를 개척하고 바울이 고린도를 떠나갈 때 그를 대신해서 고린도교회를 섬기게 된다.

그뿐만이 아니다. 브리스길라와 아굴라 부부에 대해서 이렇게 기록하고 있다.

"그들은 내 목숨을 위하여 자기들의 목까지도 내놓았나니 나뿐 아니라 이방인의 모든 교회도 그들에게 감사하느니라"(롬16:4)

브리스길라 부부는 바울을 위해 기꺼이 자신들의 목숨을 내어놓을 수 있는 동역의 관계까지 된다. 바울은 이들 부부를 만남으로 인해서 새로운 힘을 얻었다. 고린도교회를 개척할 수 있었다. 무엇보다 바울을 위해 자신들의 목숨을 내어놓을 정도로 너무나 중요한 동역자가 되었다. 이 만남은 바울에게 복음의 새로운 장을 열어주었다.

### 잘못된 만남은 나쁜 결과를 만든다

이렇게 좋은 만남을 통해 미래가 밝게 열리는 경우가 있는가 하면 잘못된 만남으로 미래가 좋지 않은 경우들도 있다. 솔로몬 왕이 죽고 이스라엘은 남유다와 북이스라엘로 나누어지게 된다. 북이스라엘 왕 중에서 가장 성경에서 분량을 많이 차지하고 악명 높은 왕이 누구인가? 아합왕이다. 성경은 아합왕에 대해서 "그의 이전의 모든 사람보다 여호와 보시기에 악을 더욱 행하였다."라고 평가하고 있다. 아합왕이 하나님을 거역하고 악한 왕이 된 이유는 그의 아내 이세벨의 영향이 컸다. 이세벨은 시돈 사람의 왕 엣바알의 딸이다. 그녀는 아합왕의 아내가 되면서 북이스라엘 땅에 바알과 아세라 신을 섬기는 신전과 제단을 곳곳에 세웠다. 심지어 바알과 아세라 종교를 국교로 정하고 그 선지자들을 나라에서 먹여 살렸다. 한 여자와의 잘못된 만남으로 인해 아합왕은 결국 하나님께 노여움을 샀을 뿐만 아니라 전쟁터에서 비참한 죽음을 맞이하게 된다.

**인맥의 중요성**

동양사회는 서양사회보다 인맥을 훨씬 더 중요하게 여겼다. 그중에서도 중국은 인맥을 가장 중요시 한다. 중국 사회는 "모든 일은 관계가 가장 중요하다."라는 말까지 할 정도다. 중국에서 한 사람을 추천하거나 보증하는 행위에는 그 사람의 모든 것을 다 이해하고 책임진다는 뜻이 내포돼 있다. 유대인처럼 중국 상인도 돈을 제일로 삼지만, 일단 관계가 맺어지면 거금의 사업 밑천을 담보도 이자도 없이 빌려준다. 심지어 성공한 뒤에 갚으라고까지 한다.

인맥의 중요성은 우리나라도 마찬가지다. 온라인 취업포털 사이트인 '사람인'에서 실시한 설문조사에 따르면 직장인 72.9%가 업무 문제보다 인간관계 때문에 스트레스를 받는다고 한다. 또한, 일자리를 구한 사람 중 56.5%가 인맥을 통해서였다고 한다. 인맥은 삶에서 중요한 성공의 요소라 할 수 있다. 좋은 인맥을 가지고 있으면 내 가치가 높아지게 되는 것이 사실이다.

좋은 인맥을 가진다는 것은 무조건 많은 사람을 알고, 친분을 쌓는 것을 의미하는 것이 아니다. 필요할 때 도움을 주고받을 수 있는 관계로 만드는 것이 인맥을 만드는 핵심이다. 단순히 알고 지내는 사이로는 좋은 관계가 될 수 없다. 좋은 인간관계를 쌓으려면 서로를 이해하고 호감을 느끼며 도움까지 주고받는 사이가 돼야 한다. 인간관계를 직접 활용할 수 없다면, 인맥은 가벼운 친분에 불과하다. 방아쇠를 당길 수 없는 무기는 무기가 아니듯이, 필요할 때 활용할 수 없는 인맥은 인맥이 아니다. 먼 곳의 물로는 결코 내 불을 끌 수 없다. 아는 사람은 그냥 아는 사람일 뿐이다. 필요할 때 힘이 되어야 인맥이다. 가까운 인맥 하나가 나를 살리고, 기회를 만들고, 운명을 바꾼다. 하나님의 자녀들은 하나님께서 허락하신 좋은 만남을 계속해서 좋은 관계로 이어 나가야 한다.

### 하나님과의 만남이 중요하다

우리가 살아가는데 사람과의 만남도 중요하지만, 더 중요한 만남은 하나님과의 만남이다. 하나님과의 만남이 없이, 사람끼리 아무리 좋은 만남을 가져도 이 땅에서 끝난다. 아무리 미래를 열어준다고 해도 이 땅에서 끝이다. 하지만 하나님과의 만남은 이 땅에서의 좋은 만남으로 끝나는 것이 아니다. 이 땅에서 미래를 열어주는 것으로 끝나는 것이 아니라는 말이다. 하나님께서는 죽은 이후에 하나님의 자녀들의 영혼까지 책임지신다. 천국으로 인도하시고, 그곳에 영원히 행복한 삶을 살게 해주신다.

모세가 떨기나무 가운데서 하나님을 만나지 못했다면, 하나님의 백성을 애굽에서 인도한 위대한 지도자가 될 수 없었을 것이다. 단지 광야의 양치기로 살았을 것이다. 삭개오가 예수님을 만나지 못했다면, 여전히 악한 세리장으로 사람들에게 외면당하며 죄인으로 살았을 것이다. 베드로가 예수님을 만나지 못했다면, 예수님의 수제자가 되지도 못했을뿐더러 물고기 잡는 어부로 평생을 살았을 것이다. 나도 예수님을 만났기 때문에 목사가 되었다.

지금까지 인생가운데 만남을 허락하신 하나님께 감사하라. 남은 생애 가운데서도 만남을 통해 미래를 열어 가실 하나님께 감사하라. 만남은 우연이 아니라 하나님의 필연이다.

# 동행을 감사하라

**여행은 누구와 동행하느냐가 중요하다**

사람에게는 누구나 겉으로 표현하지 않지만, 현실을 이탈하고 싶은 마음이 있다. 도망치고 싶지만 도망칠 수 없기에 잠시 이탈의 꿈을 꾼다. 여행은 현실의 삶에 대한 잠시의 이탈이다. 여행을 간다는 생각만 해도 기대감에 부풀어 오르고 즐겁고 설렌다. 낯선 환경에 대한 두려움도 있지만 새로운 경험에 대한 기대가 크다. 돈과 시간이 필요하지만 투자한 만큼 얻는 것도 많다. 여행은 내가 가보지 않은 나만의 지도를 만들어가는 과정이다. 자신을 돌아보고 새롭게 다짐하는 계기가 된다. 단순한 여행인 것 같지만 나의 인생에 큰 자산이 된다. 그래서인지

많은 사람이 여행을 인생에 비유한다. 여행은 어떤 장소를 가느냐 보다 어떤 사람과 함께 가느냐가 중요하다.

많은 심리학 연구들은 행복은 '어디서'의 문제가 아니라 '누구와'의 문제임을 분명하게 밝혀주고 있다. 탁월한 성취를 이룬 사람들, 커다란 역경을 이겨낸 사람들, 자기 삶에 만족을 누리는 사람들, 이들에게 거의 예외 없이 '누군가' 함께 하는 사람들이 있었다는 것이다. 이런 측면에서 이 세상에서 가장 행복한 여행은 사랑하는 사람과 함께 하는 여행이다. 사랑하는 사람과 함께 하는 여행은 장소가 중요하지 않다. 그 사람과 함께 있다는 자체가 행복이기에, 어디를 가도 행복하다. 길거리에서 떡볶이를 사 먹어도 행복하다.

인생도 마찬가지다. 인생은 누구와 동행하느냐가 행복의 열쇠가 된다. '근묵자흑(近墨者黑)'이라는 말이 있다. '먹을 가까이하면 검어진다.'라는 뜻이다. 나쁜 사람과 가까이하면 나쁜 버릇에 물들게 됨을 이르는 말이다. 반대로 생각하면 좋은 사람과 가까이하면 나도 좋은 사람이 된다는 말이다.

"지혜로운 자와 동행하면 지혜를 얻고 미련한 자와 사귀면 해를 받느니라"(잠13:20)

### 군중 속의 고독

인생의 여정 가운데 이왕이면 좋은 사람, 지혜로운 사람과 동행해야 한다. 사람들은 인생길을 사랑하는 부모나 형제, 친구나, 남편, 아내가 끝까지 동행해 줄 것처럼 생각하고 살아간다. 하지만 끝까지 동행할 줄 알았던 그들이 시간이 지나면 하나둘씩 곁을 떠나간다. 생을 마감하여 헤어지는 경우도 있지만, 각자의 길을 가기 위해서 떠나가는 경우도 있다. 그럴 때 외로움을 느낀다.

이외에도 수많은 사람에게 늘 둘러싸여 있는 것 같아도 외로움을 느끼는 경우가 있다. 그것을 '군중 속의 고독'이라고 한다. TV에 나오는 연예인들은 모두 행복하게 보인다. 어디를 가나 사람들이 알아주고 늘 군중 사이에 둘러싸여 있기 때문이다. 하지만 이런 생각과는 달리 안 좋은 소식이 종종 들려온다. 마약류를 해서 경찰에 잡혀갔거나, 자살했다는 소식이다. 왜 이런 일들이 벌어지는 것일까? 외로움을 느끼기 때문이다. 아무리 군중 속에 있어도 채워지지 않는 공허함이 있기 때문이다.

### 하나님은 동행해 주신다

하나님의 백성들은 그렇지 않다. 사랑하는 사람이 나와 끝까지 동행해 줄 수 없다고 해도 나와 끝까지 동행하는 분이 계신다. 사람들이 나를 떠나가도 여전히 나와 함께 해주시는 분이 계신다. 바로 하나님이시다. 하나님께서는 "네 부모가 너를 버려도 나는 너를 버리지 않겠다(시27:10)."고 말씀하신다. "세상 끝날까지 너와 함께 하겠다(마28:20)."고 말씀하신다.

하나님의 백성들은 결코 혼자가 아니다. 나를 사랑해 주는 사람이 나와 함께 해 줄 수 없고, 다 떠나간다고 해도 우리는 혼자가 아니다. 세상 사람들이 다 나를 버린다고 해도, 우리는 혼자가 아니다. 토마스 브룩스(Thomas Brooks)는 이렇게 말했다.

> "아브라함은 어디로 향하고 있는지 몰랐지만 누구와 함께 가는지는 알고 있었다. 어떤 이는 오리를 가는 데도 하나님과 동행하지만 어떤 이는 세상 끝을 가고도 하나님을 못 찾는다. 예수와 홀로 있는 자는 결코 외로운 자라 할 수 없다."

유명한 복음 전도자였던 존 길모어(John Gilmore) 목사는 어느 날 작은 마을을 지나가다가 주방용품을 팔고 있는 어느 노인과 이야기를 나누게 되었다. 존 목사는 먼저 말을 걸었다. "안녕하세요? 할아버지, 요즘 장사는 잘 되시는지요?", "예, 그럭저럭 잘 됩니다." 할아버지의 선한 웃음이 맘에 들었던 존 목사는 다시 물었다. "할아버지는 예수님을 믿으십니까?", "물론 믿지요. 예수님을 믿고 구원받는다는 것은 정말 위대한 일인 것 같습니다." 존 목사는 흐뭇해하며 말했다. "그래요. 그렇지만 그보다 더 위대한 일이 있지요.", "그래요? 그게 뭔데요?" 존 목사는 가슴에 손을 얹으며 말했다. "그건 나를 구원해 준 바로 그분과 동행하는 것이지요." 구원받은 것은 위대한 일이다. 그러나 예수님과 동행하는 일은 더 위대한 일이다.

예수님의 다른 이름은 임마누엘이다. 임마누엘은 '하나님이 우리와 함께 하신다'는 의미이다. 하나님께서는 예수님을 이 땅 가운데 보내셔서 사람을 구원하시는 목적도 가지고 계셨지만 예수님을 통해서 하나님이 우리와 함께 계신다는 것을 보여주고 싶으셨다.

### 하나님의 편에 서야 승리할 수 있다

'미생(未生)'이라는 드라마에 이런 장면이 나왔다. 영업 3팀의 오 과장에게 예전에 같이 일했던 선배가 찾아와 만나게 된다. 이 선배는 회사에 불만이 있어 그만두고 다른 일을 하고 있었다. 서로 안부를 묻는 가운데 오 과장이 이런 이야기를 한다. "회사생활이 선배님도 경험하셨던 것처럼 사는 것 자체가 전쟁이지요." 이 말을 들은 오 과장의 선배가 이렇게 말한다. "그래도 직장에서 잘 버티고 있어. 사회에 나오면 전쟁이 아니라 지옥이야." 직장생활이 힘들다고 하지만 정작 직장을 그만두고 사회에 나와 보니, 삶 자체가 지옥과 같더라는 것이다.

전쟁터와 같은 직장에서, 지옥 같은 삶의 현장에서 승리하기 위해서는 하나님이 동행해 주셔야 한다. 그러나 하나님은 무조건 동행해 주시는 분이 아니다. 하나님이 동행해 주시기를 원한다면 먼저 하나님의 편에 서야 한다. 하나님의 편에 서 있지 않으면서 하나님께 내 편이 되어 달라고 할 수 없다. 승리를 꿈꾸면 안 된다. 하나님 편에 서면, 환경, 장소가 무슨 상관이겠는가. 하나님이 함께 하시기에 승리한다.

### 하나님의 편에 선 링컨

미국인이 가장 존경하는 역대 대통령은 '에이브러햄 링컨(Abraham Lincoln)'이다. 링컨은 기도를 많이 했고, 기도의 비밀을 일찍감치 알았던 사람이었다. 링컨은 대통령이 되었을 때 노예제도의 잔인함을 미국 전역에 알렸다. 그의 주장은 논쟁을 넘어 남과 북의 대결로 번졌고, 큰 전쟁으로 옮겨붙었다. 목화 생산과 여러 가지 농작물을 통해 수입을 얻어온 남쪽 귀족들이 들고 일어났다. 특히 남부의 농업 중심 노예 노동주의와 북부의 자유로운 임금 노동주의가 대립되어 왔던 터라 갈등의 골은 깊었다.

마침내 링컨 대통령이 노예해방을 선언하자 남부에서 반기를 들고 미합중국에서의 분리와 독립을 주장하며 전쟁을 일으켰다. 링컨은 남북 전쟁이 시작되어 많은 병사가 죽어갈 때마다 동족을 잃는 쓰라린 아픔을 안고 하나님 앞에 눈물로 기도했다. 남북 전쟁의 처음 양상은 남군이 우세했다. 링컨이 이끄는 북군 병사의 숫자는 남쪽보다 많았고, 여건상 여러 가지가 유리했지만, 남군을 이끄는 용장 로버트 리 장군 때문에 늘 패배하기 일쑤였다.

어느 날 북군의 지도자들이 모여 링컨을 위로했다. 한 교회 지도자가 링컨에게 다가와 조용하게 이렇게 말했다. "각하, 우리는 하나님이 우리 북군의 편이 되셔서 북군이 승리하게 해달라고 날마다 눈물로 간절히 기도하고 있습니다." 링컨 대통령은 이렇게 말했다. "그렇게 기도하지 마십시오. 하나님께 우리 편이 되어달라고 기도하지 말고 우리가 항상 하나님 편에 서 있게 해달라고 기도해 주세요." 결국, 노예해방을 주장한 북군이 이 전쟁에서 승리하게 된다.

승리의 비결은 인간에게 있지 않다. 인간의 탁월함과 경험에 있지 않다는 말이다. 승리의 비결은 하나님께 있다. 내가 하나님을 얼마나 믿고 하나님과 동행하느냐에 달려 있다. 하나님의 편에 서느냐에 달려 있다.

### 하나님과 동행한 에녹

에녹은 300년 동안 하나님과 동행했던 사람이다. 에녹의 삶의 목표는 자기가 원하는 것을 성취하는 것이 아니었다. 자식을 훌륭하게 키워서 유명해지는 것도 아니었다. 돈을 많이 벌어서 잘 먹고 잘사는 것도 아니었다. 그의 목표는 오직 매 순간 하나님과 동행하는 것이었다. 이런 에녹을 하나님께서 얼마나 사랑하셨는지 이 세상에서 300년을 동행하시고 그를 산채로 데리고 가신다. 프에릿 구스는 이런 말을 했다.

> "하나님과 동행하는 이가 종착역인 그의 집에 이름은 너무나 당연하다. 하나님과 함께하면 철벽도 거미줄 같고 하나님이 같이하지 않으면 거미줄도 철벽과 같다."

지금까지 살아온 인생 가운데 인생의 동반자가 있었는가? 감사하라. 무엇보다 나와 동행해 주신 하나님께 감사하라. 앞으로도 나와 동행하시고 하나님의 집까지 인도해 주실 하나님께 감사하라.

# 고난을 감사하라

### 고난은 필수과목이다

대학교에 들어가면 선택과목과 필수과목이 있다. 선택과목은 선택할 수 있는 과목이고, 필수과목은 반드시 이수해야 하는 과목이다. 즉, 내가 듣기 싫다고 해서 안 들어도 되는 과목이 아니다. 반드시 들어야 이수가 되는 과목이다. 이를 무시하면 졸업을 할 수 없다. 인생이라는 수업에도 선택과목이 있고, 필수과목이 있다. 인생 수업 가운데 이수해야 할 필수과목 중의 하나가 바로 고난이라는 과목이다. 인생을 살면서 고난 없이 살아가는 사람은 아무도 없다. 그리스도인도 예외가 아니다.

"그리스도를 위하여 너희에게 은혜를 주신 것은 다만 그를 믿을 뿐 아니라 또한 그를 위하여 고난도 받게 하려 하심이라"(빌1:29)

하나님께서 은혜를 주시는 이유 중의 하나가 고난도 받기 위함이라고 말씀하신다. 고난받게 하기 위해서 은혜를 주신다는 것은, 왠지 앞뒤가 맞지 않는 것 같다. 그것도 바울은 그냥 고난을 받는 것이 아니라 예수님을 위해서 고난을 받게 하기 위함이라고 말씀한다. 이 말씀은 결국 그리스도인들은 예수님 때문에 고난받는 것이 당연하다는 것이다. 성경에 등장하는 믿음의 선배들을 보라. 누구 하나 고난이 없는 사람이 있는가? 단 한 사람도 예외 없이 다 고난의 과정을 겪었다. 고난의 강도와 횟수는 차이가 있을지 모르지만 모두가 고난을 겪었다.

### 감사할 수 없는 상황이란 없다

감사는 환경이나 상황에 따라 하는 것이 아니다. 그 마음과 믿음에 따라 하는 것이다. 긍정적인 사람은 사물이나 상황을 긍정적으로 바라본다. 부정적인 사람은 사물이나 상황을 부정적으로 바라본다. 사람들은 감사할 조건을 찾는다. 하지만 하나님은 조건을 찾지 말라고 하신다. 조건 없이 감사하라고 한다. 그리스도인에게 감사할 수 없는 상황이란 없다는 의미이다. 조건을 따지지 않고 감사해야 한다. 일본 마츠시타 전기의 창업자인 마츠시타 고노스케는 이렇게 말했다.

"감옥과 수도원의 공통점은 세상과 고립돼 있다는 것이다. 다른 게 있다면 불평하느냐, 감사하느냐의 차이뿐이다. 감옥이라도 감사하면 수도원이 될 수 있다."

미즈노 겐조는 나가노 현 사카키라는 조용한 작은 농촌 마을에서 태어났다. 초등학교 4학년인 11살 때 예기치 않은 뇌성마비로 인해 전신마비는 물론 언어 능력도 상실하게 된다. 그가 감정을 표현하는 방법은 얼굴에 웃음을 지어보이는 것과 눈을 깜빡이는 것뿐이다. 그는 1984년 세상을 떠날 때까지 47년 동안 모두 4권의 시집을 만들었다. 그 4권의 시집을 한 권으로 묶어서 나온 책이 《감사는 밥이다》라는 책이다. 이 책에 나오는 시 한 편을 소개해 본다.

〈불구인 이 몸〉

불구인 이 몸
마르다 처럼
일은 하지 못한다.
그러나 마리아처럼
조용한 마음으로
주님의 말씀을 배우겠다.
오직 이 은혜에
감사드릴 뿐이다.

바울이 데살로니가 교회의 성도들에게 이렇게 말씀했다.

"항상 기뻐하라 쉬지 말고 기도하라 범사에 감사하라 이것이 그리스도 예수 안에서 너희를 향하신 하나님의 뜻이니라"(살전5:16-18)

범사에 감사하라는 말 속에는 고난 속에서 감사하라는 말씀도 포함되어 있다. 고난을 고난 자체로 바라보면 감사할 수가 없다. 너무 힘들다. 누군가를 원망하게 된다. 불평하게 된다. 소망을 가지기가 어렵다.

하지만 고난의 뒷면을 바라보면 감사할 수 있다.

### 고난의 뒷면에는 영광이 있다

"자녀이면 또한 상속자 곧 하나님의 상속자요 그리스도와 함께 한 상속자니 우리가 그와 함께 영광을 받기 위하여 고난도 함께 받아야 할 것이니라 생각하건대 현재의 고난은 장차 우리에게 나타날 영광과 비교할 수 없도다"(롬8:17-18)

바울은 하나님의 자녀들은 주님과 함께 영광을 받기 위하여 고난도 받아야 함을 말씀한다. 그런데 그 고난은 장차 우리에게 나타날 영광에 비교할 수 없다고 말씀한다. 고난의 뒷면에는 하나님께서 예비해 놓으신 영광이 있다. 사람은 누구나 영광을 누리기 원한다. 문제는 대부분 사람이 고난받기는 싫어하고, 영광만 누리기를 원한다는 것이다. 고난의 뒷면에 있는 영광을 볼 수 있는 사람은 고난 가운데도 감사할 수 있다.

### 고난의 뒷면에는 하나님의 뜻이 있다

하나님께서 아무런 의미 없이 고난을 주지 않는다. 고난에는 하나님의 뜻이 있다. 송병주 목사의 《오후 다섯 시에 온 사람》에 보면 한 어머니의 눈물어린 간증이 기록되어 있다. 그녀는 청년시절 선교사가 되고 싶다는 마음을 가졌던 사람이었다. 결혼하고 아이를 낳게 되는데 첫 번째 아이가 중증장애인으로 태어났다. 첫 번째 아이뿐만 아니라 두 번째, 세 번째 아이도 모두 중증장애인으로 태어났다. 그녀는 '내가 사명을 다하지 못해서 벌을 받는 것인가?'라는 생각을 했다. 또 한편에서는 이런 생각이 들었다. '하나님께서 나를 치기 위해서라면 이렇게 평생을 장애로 살아야 하는 아이들에게는 너무 잔인한 것은 아닌가?' 이런 생각이 드니 너무나 고통스럽고 하나님이 원망스러웠다.

그녀는 답답한 마음에 눈물로 하나님께 이렇게 질문을 던지며 계속해서 기도했다. "하나님, 이유가 무엇입니까? 이렇게 세 명의 중증장애아를 자녀로 주신 이유가 무엇입니까? 저주이고 징벌입니까?" 어느 날 하나님께서 그녀의 마음 가운데 이런 음성을 들려주셨다. "미안하구나, 내 딸아. 이 세상에 꼭 보내야 할 연약한 세 영혼이 있었는데, 너라면 잘 맡아줄 것 같아서 네게 보냈다. 네게는 참 미안하구나. 정말 미안하구나. 하지만 잘 부탁한다." 그녀는 이 하나님의 음성을 듣고 통

곡하고 감사하며 울었다. '하나님이 날 사랑해주셔서, 날 신뢰해 주셔서, 이 땅에 꼭 와야 했던 세 천사를 선물로 주셨구나.'

몰약은 으깨지고 터질수록 짙은 향기를 낸다. 포도주도 포도를 으깨서 강하게 짤수록 더욱 검붉은 빛깔을 내고 깊은 맛을 품게 된다. 고난은 우리를 향한 저주가 아니라 하나님의 가장 아름다운 뜻을 이루어가는 은혜다. 고난의 뒷면에 있는 아름다운 하나님의 뜻을 알 때 감사할 수 있다.

### 고난의 뒷면에는 유익이 있다

중국에서 공자와 쌍벽을 이루는 사상가인 맹자는 큰 사명이 있는 사람은 하늘이 먼저 고난을 준다고 말한다.

> "하늘이 장차 그 사람에게 큰 사명을 내리려 할 때는, 먼저 그의 심지를 괴롭게 하고, 뼈와 힘줄을 힘들게 하며, 육체를 굶주리게 하고, 그에게 아무것도 없게 하여 그가 행하고자 하는 바와 어긋나게 한다."

시편기자도 이렇게 노래한다.

"고난 당한 것이 내게 유익이라 이로 말미암아 내가 주의 율례들을 배우게 되었나이다"(시119:71)

시인은 고난 당한 것이 자신에게 유익이라고 말한다. 왜냐면 그 고난으로 인해 하나님의 말씀을 제대로 배우게 되었기 때문이다. 즉 시인은 고난을 통해서 하나님의 말씀대로 사는 법이 어떤 것인지를 배우게 되었다는 것이다.

하늘을 나는 비행기는 대부분 몸체가 유선형이고 표면이 매끄럽다. 비행기의 표면이 울퉁불퉁하면 더 많은 공기 저항을 받는다는 것은 당연한 상식이다. 하늘을 나는 비행기뿐만 아니라 공기 중에 빠른 속도로 움직이도록 만든 것들은 대부분 매끈한 표면을 가지고 있다.

그런데 분명 더 멀리 날려 보낼 목적으로 만든 것임에도 불구하고 표면에 수많은 울퉁불퉁한 굴곡이 있는 것이 있다. 바로 골프공이다. 골프공에는 '딤플'이라는 수많은 홈이 있다. 초창기의 골프공은 당연히 공기저항을 줄여야 멀리 날아간다고 생각했기 때문에 표면이 매끄러웠다. 시간이 지나 딤플이 공기 저항을 2배로 줄여서 골프공을 더 멀리 날아갈 수 있게 한다는 것을 알게 되었다. 때로 인생을 살다보면 이해할 수 없는 고난을 맞을 때가 있다. 고난은 분명히 힘들지만 잘 극복해

나갈 때 매끄러운 골프공보다 울퉁불퉁한 골프공이 더 멀리 날아가듯 더 멀리 도약하게 된다.

종교개혁가인 마틴 루터는 바르트부르크성에 갇혀 있던 시기에 신약성서를 독일어로 번역하였다. 작곡가 베토벤(Ludwig van Beethoven)의 가장 훌륭한 교향곡은 청각장애인 된 이후에 작곡되었다. 존 번연(John Bunyan)은 감옥에 있는 동안 '천로역정'을 썼고 다니엘 디포 역시 감옥에서 '로빈슨 크루소'를 썼다. 고난의 뒷면에 유익이 있음을 아는 사람은 고난을 견딜 수 있고 감사할 수 있다.

# 신앙생활을 감사하라

**신앙생활은 줄다리기다**

요즘은 그렇지 않지만, 예전에 운동회의 백미는 이어달리기와 줄다리기였다. 줄다리기는 호흡이 잘 맞아야 이기는 경기다. 힘센 사람들이 있으면 유리하지만, 호흡이 잘 맞아야 이길 수 있는 경기다. 시작 신호가 울리면 서로 당기기 시작한다. 줄다리기는 무승부가 없다. 어느 한쪽은 반드시 딸려가기 때문이다. 줄다리기는 상대를 끌어당기지 않으면 끌려갈 수밖에 없다. 인생도 줄다리기와 같다. 내가 누군가를 이끄는 삶이거나 누군가에게 이끌림을 받는 삶을 살 수밖에 없다. 신앙생활도 마찬가지다. 신앙생활은 이끄느냐? 이끌림 받느냐? 의 문제다. 세상에 이끌리느냐? 하나님께 이끌리느냐? 의 문제다. 사람에게 끌려가느냐? 하나님께 끌려가느냐? 의 문제다.

하지만 일반적인 줄다리기와 신앙의 줄다리기는 차이가 있다. 일반적인 줄다리기는 승리하기 위해서는 무조건 힘을 다해서 줄을 당겨 내 쪽으로 끌어야 한다. 끌려가면 진다. 신앙의 줄다리기는 무조건 당겨 온다고 되는 것이 아니다. 줄을 당겨와야 할 때는 힘을 다해 당겨야 하지만 그냥 끌려가야 할 때는 끌려가야 한다. 신앙의 줄다리기는 무조건 끌고 온다고 이기는 것이 아니라는 말이다. 소위 말하는 '밀당'을 잘해야 한다.

### 신앙생활은 하나님께 끌려가는 것이다

신앙의 줄다리기를 잘하기 위해서는 우선 분별을 잘해야 한다. 어떨 때 힘껏 당겨야 하고 어떨 때는 그냥 끌려가야 하는지를 알아야 한다. 우선 끌려가야 할 때는 언제인가? 하나님이 당기실 때는 끌려가야 한다. 바울의 마지막 선교지는 로마였다. 로마를 마지막 선교지로 정한 것은 하나님께서 바울을 이끄셨기 때문이다. 바울은 하나님의 이끌림에 온전히 끌려갔다.

하나님께서는 아브라함에게 100세에 얻은 이삭을 모리아산에 가서

번제로 바치라고 하셨다. 하나님께서 아브라함과의 줄다리기에서 끌어당기시는 것이다. 끌어당기시는 하나님께 아브라함은 그냥 끌려갔다. 어떻게 보면 아브라함은 얼마든지 하나님께 따질 수도 있었다. "왜 100세에 주신 아들을 다시 달라고 하시냐, 이렇게 하실 것 같으면 아예 주시지를 마시지 왜 주셨느냐" 하지만 아브라함은 하나님께 따지지 않았다. 버티지도 않았다. 아무 말 없이 하나님께서 이끄시는 대로 끌려갔다. 이런 아브라함에게 하나님께서 믿음의 합격도장을 '꽝' 찍어주셨다.

하나님과의 줄다리기에서는 힘을 쓰면 안 된다. 힘을 완전히 빼고 이끄시는 대로 끌려가야 한다. 안 끌려가겠다고 버티면 버틸수록 나만 손해다. 요나를 보라. 하나님께서 요나에게 니느웨에 가서 멸망을 선포하라고 말씀하셨다. 요나는 하나님의 말씀을 거역하고 다시스로 도망갔다. 요나는 앗수르의 멸망을 바라는 마음이 있었기 때문이다. 그러니 그들에게 가서 굳이 멸망을 선포할 이유도 없었다. 지금 요나는 하나님과 줄다리기에서 이기려고 힘껏 나름대로 줄을 당기고 있는 것이다. 이런 요나가 어떤 일을 당하는가? 요나가 탄 배가 큰 풍랑을 만나게 되었다. 요나는 이런 위기가 자신으로부터 온 것임을 알기에 물속에 던지라고 한다. 물속에 던져졌을 때 요나는 하나님께서 예비하신 큰 물고기에게 삼킨 바 되어 3일 동안 물고기 배 속에 있게 된다.

하나님께서 이끄시는 대로 끌려갔다면 요나는 물고기 뱃속에 들어갈 이유가 없다. 역한 냄새와 오물들 속에 거할 이유가 없었다.

하나님과의 줄다리기에서 힘을 써서는 안 된다. 힘을 쓰는 만큼 더 힘들어진다. 그것은 어리석은 일이다. 하나님께서 줄을 당기시면 그냥 힘을 빼고 끌려가면 된다.

### 신앙생활은 마귀와 싸움에서 이기는 것이다

그럼, 힘을 다해 줄다리기에서 이겨야 할 때는 언제인가? 세상과의 줄다리기에서는 이겨야 한다. 마귀와의 줄다리기에서는 있는 힘을 다해 줄을 당겨서 이겨야 한다. 마귀에게 끌려가면 안 된다. 마귀는 세상의 단맛을 통해 하나님의 자녀들을 끌고 가려고 한다. 세상의 단맛을 보여주고 그 단맛에 계속해서 이끌리게 만든다.

소설가 정유정은 《히말라야 환상 방황》에서 히말라야 안나푸르나를 다녀온 뒤 '네팔병'에 대해서 언급하였다. '네팔병'은 한 번 히말라야에 다녀오면 반드시 또 가고 만다라는 마음의 병이다. 히말라야 등정 여정은 엄청난 육체적 고통을 겪지만, 그 속에서 누리는 영혼의 자유로움이 있다. 자기 자신과 직면하는 특별한 순간을 만나게 된다. 그래서 위험하고 힘들지만 다시 히말라야에 가고자 하는 '네팔병'이 생긴다는 것이다.

마귀는 네팔병보다 더 강력한 세상의 단맛으로 하나님의 자녀들을 끌고 가려고 한다. 삼손을 보라. 삼손은 하나님께 구별 받은 나실인이었지만, 정욕이 강한 남자였다. 마귀는 이 사실을 정확하게 알고 여인들을 통해서 삼손을 미혹한다. 결국, 삼손은 들릴라라는 여인의 미혹에 넘어가서 두 눈이 뽑히고 블레셋 사람에게 잡혀가서 노리갯감이 된다.

이에 반대로 요셉은 어떠한가? 요셉은 보디발의 아내의 유혹에 넘어가지 않았다. 하나님 앞에 어떻게 득죄할 수 있겠느냐 하면서 그 자리를 뛰쳐나갔다. 요셉은 그 자리를 뛰쳐나가면 어떤 일이 벌어질 것인지를 짐작하고 있었다. 하지만 그는 하나님을 바라보았기에 보디발의 아내의 유혹을 물리쳤다. 유혹에 넘어간 삼손의 이야기는 삼손만의 이야기가 아니다.

오늘날, 교회와 목회자들과 성도들의 모습을 보라. 마귀의 유혹에 빠져서 넘어지는 경우가 얼마나 많은가? 세상의 단맛에 길들여져 넘어지는 경우가 얼마나 많은가?

**신앙생활은 물구나무서기다**

레이저 피쉬(Razor fish)라는 물고기가 있다. 면도날을 닮아 날카롭게 생겼다고 레이저 피쉬라고 부른다. 가로로 헤엄치는 보통 물고기와는 달리, 입을 아래로 향한 채 물구나무를 서서 헤엄을 친다. 이 물고기는 지구상에 생존하는 생명체 중 몇 안 되는 거꾸로 살아가는 존재다. 물구나무를 서서 헤엄을 치는 것은 힘든 일이다. 힘들지만 그렇게 헤엄을 치는 이유가 무엇인가? 생존을 위해서다. 즉 하나님께서 레이저 피쉬를 그렇게 살도록 만드셨다. 하나님의 자녀들도 마찬가지다. 레이저 피쉬처럼 세상이 추구하는 방향과 거꾸로 살아가라고 하나님의 자녀 삼으셨다. 세상의 가치와 거꾸로 살아가는 것은 말처럼 쉽지 않다. 예수님도 이렇게 말씀하셨다.

"좁은 문으로 들어가라 멸망으로 인도하는 문은 크고 그 길이 넓어 그리로 들어가는 자가 많고 생명으로 인도하는 문은 좁고 길이 협착하여 찾는 자가 적음이라"(마7:13-14)

믿지 않는 사람들은 역설적인 삶을 사는 그리스도인들을 보고 바보 같다고 이야기한다. 좁은 문, 좁은 길을 가는 그리스도인들을 어리석다고 이야기한다. 하지만 그리스도인은 바보도, 어리석은 자도 아니다. 생명의 길이 어떤 길인지 아는 지혜로운 사람이다.

### 신앙은 앎이 아니라 삶이다

지식은 크게 두 가지로 나눈다. 하나는 머리로 아는 지식이다. 다른 하나는 몸으로 체득된 지식이다. 머리로 아는 지식과 몸으로 체득된 지식은 차이가 크다. 김치를 담그는 레시피가 있다. 하지만 그 레시피대로 담근다고 해서 김치의 맛이 같은 것은 아니다. 며느리들이 시어머니께서 해주신 김치를 맛보면서 하는 말이 있다. "어머니, 저는 왜 이런 맛이 안 나지요?" 이는 손맛의 차이다. 손맛은 이론적으로 낼 수 없는 맛이다. 오랜 시간 몸으로 체득되어 나온 맛이다.

인생을 살아가는데, 머리로 아는 지식이 분명 필요하다. 여기서 더 중요한 것은 그 지식이 나에게 체화되어야 한다는 것이다. 체화되지 않는 지식은 생명력이 없다. 하나님의 자녀들은 먼저 하나님의 말씀을 알아야 한다. 아는 것에서 그치지 않고 체화되어야 한다. 그래야 그 말씀이 삶으로 나타난다. 하나님의 자녀들은 신앙 지식을 가지고 있는 사람이 아니라 신앙생활을 하는 사람이어야 한다. 신앙은 앎이 아니라 삶이기 때문이다.

평생 신앙생활 할 수 있다는 것은 놀라운 하나님의 은혜다. 이 땅에는 가나안 성도들이 많다. 이 중에는 신앙생활을 오랫동안 한 사람들도 있다. 직분자들도 많다. 신앙생활을 유지한다는 것은 쉽지 않다. 신앙생활을 한다는 것은 하나님의 은혜요 축복이기에 감사해야 한다.

# 평생 감사하는 것이 최고의 삶이다

### 끝까지 감사하라

"시작했으면 무라도 잘라야 한다."라는 말이 있다. 시작했으면 끝을 봐야 한다는 말이다. 시작에서 그치면 안 된다. 용두사미가 된다. 끝까지 가야 한다. 청나라 관료 중 '해서(海瑞, 1514-1587)'라는 사람이 있다. 그는 청렴결백을 끝까지 지켰다. 공자도 "내가 추구하는 도는 한 가지를 일관되게 밀고 나가는 것이다."라고 했다. 이것이 실은 얼마나 힘든지 우리 모두는 다 알고 있다. 어떤 신앙인도 예수님을 향한 첫사랑을 끝까지 지키기 쉽지 않다. 그래서 성경은 "첫 사랑을 회복하라"고 한다.

정철의 《불법사전》에 보면 인생에서 끝까지 들고 가야 할 다섯 개의 동사가 있다고 한다. '첫째, 웃다. 둘째, 껴안다. 셋째, 믿다. 넷째, 시작하다. 다섯째, 웃다.' 정철은 왜 네 개를 다섯 개라고 우기는 지 30초만 생각해보라고 한다. 그런데 이 다섯 단어로는 부족하다. 인생 끝까지 가야 할 동사는 한 개가 더 있다. 바로 '감사'다. 그리스도인은 하나님께 감사를 끝까지 해야 한다. 하나님께서는 언제나 우리와 함께 계신다. 더 나아가 우리를 끝까지 돌보신다. 그렇다면 우리 인생은 끝까지 하나님께 감사하며 살아야 한다.

나의 인생은 그 자체가 감사다. 나는 목사직을 감당할 수 없는 사람이다. 지금까지 목숨을 부지할 자격도 없는 사람이다. 하지만 하나님께서 나를 끝까지 이끌고 계신다. 그렇기에 내가 할 수 있는 것은 하나님을 위해서 끝까지 살아가는 것이다. 하나님께 끝까지 감사하면서 사는 것이다.

나는 감사할 것이 아주 많은 사람이다. 많이 아팠기에 늘 기도하지 않으면 살 수 없었다. 어릴 적에는 왜 이렇게 아프게 태어나게 했냐고 하나님과 부모님께 원망을 많이 했다. 다 죽어갈 상황에 몰렸을 때, 살아 있는 것 자체에 감사하기 시작했다. 이젠 그 감사를 끝까지 하기 위해 나름대로 노력하고 있다.

### 평생 감사하라

하나님께 끝까지 감사한다는 것은 평생 감사한다는 말이다. 어떤 것이든 가장 힘든 단어가 '평생'이란 단어다. 평생 무엇을 끊임없이 한다는 것은 결코 쉽지 않다. 감사도 마찬가지다. 평생 감사하며 산다는 것은 쉽지 않다. 왜냐면 그만큼 어려운 일이기 때문이다. 어려운 일이지만 하나님의 자녀 된 우리는 그 어려운 것을 해내야 한다. 우리에게 맡겨진 사역, 인생, 직업, 하루, 한 달, 일 년, 평생을 감사하며 살아야 한다. 하지만 평생 감사는 마음만 먹는다고 되는 것이 아니다.

### 감사는 훈련해야 한다

평생 감사하기 위해서는 감사를 훈련해야 한다. 전광 목사는 자신의 묘비에 "평생 감사하며 살다가 하나님께 돌아가다"라고 기록되기를 원하는 사람이다. 그는《평생 감사》에서 이렇게 말했다.

"나는 모든 이들이 인생에서 가장 소중한 것이 무엇인지 발견하게 되기를 바란다. 그래서 이전과는 다른 인생이 되길 바란다. 무엇보다도 이전의 감사 없는 메마른 인생에서 작은 것에 감동하며 사는 감사 인생이 되길 바란다. 그저 한순간 반짝 감사하고 마는 인생이 아니라 '평생 감사'하는 행복한 인생이 되길 소원한다. 물론 하루아침에 감사를 생활화하기는 힘들 것이다. 그러나 조금씩 감사를 실천하다 보면 언젠가 평생 감사하는 인생이 될 수 있음을 확신한다."

감사는 그냥 되는 것이 아니라 훈련으로 만들어지는 것이다. 무엇인가 감사할 거리가 있어서 감사하는 것은 쉽다. 좋은 일이 있고 내가 원하는 것을 성취하면, 감사하지 말라고 해도 감사한다. 문제는 도저히 감사할 수 없는 상황 가운데 감사하는 것이다. 범사에 감사해야 한다는 것을 머리로는 알지만 감사할 수 없는 상황 가운데 놓이면 감사가 잘 안 된다. 그래서 감사는 훈련해야 한다. 감사가 저절로 나오면 좋겠지만 저절로 나오지 않기 때문에 훈련해야 한다. 어려운 일이 있으면 감사는 당연히 하기가 어렵다. 하지만 억지로라도 "하나님 감사합니다."라고 고백을 해야 한다. 어려움을 통해서 더 좋은 일이 있을 줄 믿고 감사해야 한다. 합력하여 결국 선을 이루실 하나님을 기대하면서 감사해야 한다. 감사가 습관이 될 때까지 훈련해야 한다. 감사가 습관이 되면 평생 감사하며 살 수 있다.

### 낮은 마음을 가지라

낮은 마음을 가지면 평생 감사할 수 있다. 강준민 목사는 《감사는 숲을 담은 씨앗입니다》에서 다음과 같이 말한다.

"감사는 낮은 마음에 임합니다. 겸손한 마음에 임합니다. 하나님이 우리를 낮추시는 이유가 있습니다. 낮은 곳에서 그분이 베푸시기 원하는 은혜가 있기 때문입니다. 우리는 고난을 통해 낮아집니다. 고난의 때에 엎드리게 됩니다. 그런데 고난 중에 엎드릴 때 바로 그 엎드린 자리에서 놀라운 은혜를 경험하게 됩니다. 가장 낮은 곳에서 임한 하나님의 은혜를 경험하게 됩니다. 유혹과 시험은 높은 곳에 있습니다. 광야에서 마귀가 예수님을 시험할 때 예수님을 데리고 간 곳은 높은 산이었습니다."

마음이 높은 데 있는 사람은 늘 불평하게 된다. 비교하게 된다. 만족이 없다. 마음이 채워지지 않기 때문이다. 낮은 마음을 가진 자는 늘 감사하며 산다. 만족하며 산다. 비교하지 않는다. 자신의 부족을 알기 때문이다. 높은 마음은 마귀가 주는 마음이다. 하나님은 그런 높은 마음, 교만한 사람을 제일 싫어하신다. 오죽하면 교만한 자를 대적한다고 하셨겠는가. 바울은 예수님의 마음 곧 낮은 마음을 품으라고 말씀한다.

"너희 안에 이 마음을 품으라 곧 그리스도 예수의 마음이니 그는 근본 하나님의 본체시나 하나님과 동등됨을 취할 것으로 여기지 아니하시고 오히려 자기를 비워 종의 형체를 가지사 사람들과 같이 되셨고 사람의 모양으로 나타 나사 자기를 낮추시고 죽기까지 복종하셨으니 곧 십자가에 죽으심이라"(빌2:5-8)

낮은 마음을 가진 사람에게는 모든 것이 감사의 제목이 된다. 예수님이 가졌던 낮은 마음을 갖고 살아간다면 평생 감사하며 살 수 있다.

### 모든 것이 은혜임을 아는 자가 되라

어른들이 가장 좋아하는 찬송이 있다. '지금까지 지내온 것(찬송가 301장)'이다. 이 찬송의 1절 가사는 아래와 같다.

"지금까지 지내 온 것 주의 크신 은혜라
한이 없는 주의 사랑 어찌 이루 말하랴
자나 깨나 주의 손이 항상 살펴주시고

모든 일을 주 안에서 형통하게 하시네"

지금까지 지내온 것이 자신의 힘 때문이라고 생각하는 사람은 감사할 수 없다. 지금까지 지내온 것이 하나님의 은혜임을 아는 자는 감사할 수 있다. 나의 나 된 것이 하나님의 은혜임을 아는 자는 감사할 수 있다.

> "그러나 내가 나 된 것은 하나님의 은혜로 된 것이니 내게 주신 그의 은혜가 헛되지 아니하여 내가 모든 사도보다 더 많이 수고하였으나 내가 한 것이 아니요 오직 나와 함께 하신 하나님의 은혜로라"(고전15:10)

바울은 '나의 나 된 것이 하나님의 은혜'임을 알았기에 감사하는 사람이 되었다. 황성주 박사는 《절대 감사》에서 "감사는 은혜와 동일어다. 감사는 은혜를 은혜로 인식하는 사람만이 할 수 있다. 감사는 모든 것을 은혜로 바라보는 사람이 할 수 있다."라고 했다. 모든 것이 하나님의 은혜임을 아는 사람은 평생 감사하며 살 수 있다. 평생 감사하는 최고의 삶을 살기를 바란다. 평생 감사하는 감사 인생을 살기를 바란다.

에필
로그

# 에필로그

"'고마워요'라고 말해야지."

우연히 만난 아이들에게 작은 사탕을 주면 그 아이의 엄마가 어린 자녀에게 시키는 말이다.

대부분 엄마가 자녀에게 가장 빨리 가르치는 말이 '감사합니다'이다. 곧 '엄마!', '아빠!' 다음으로 배우는 말이 '감사'다.

영국 웨일스의 속담에 이런 말이 있다.

"감사(Thanksgiving)는 Thank로 사례한 후 giving으로 주는 것이다."

이 말은 감사가 어떤 것인지 제대로 표현한 말이다. 이렇게 표현하는 것은 감사는 사람에게 최고의 삶을 만들어 주기 때문이다.

최근에 지인에게서 들은 말이 나를 최고의 삶으로 만들어 주었다.

그 말은 거창한 말이 아니었다. "목사님께 늘 감사해요!"라는 말이었다. 그 말을 듣는데 마음이 울컥했다. '나도 이런 말을 듣는구나!'라며 하나님께 감사했다.

사람들이 가장 듣고 싶은 말이 '사랑합니다!'이다. '사랑합니다!'라는 말은 가슴을 뛰게 한다. '사랑합니다!'라는 말 만큼 가치 있는 말이 있다. '감사합니다!'라는 말이다. '감사합니다!'라는 말은 사람을 고귀하게 만들어 주기 때문이다.

'감사합니다!'라는 말이 사람을 고귀하게 만드는 이유가 있다. 영국 속담처럼 "감사는 과거에게 주어지는 덕행이 아니라 미래를 살찌게 하는 덕행"이기 때문이다.

서울대학교 심리학과 교수인 최인철은 《프레임》에서 감사가 행복으로 가는 길은 지금 순간을 즐기고 감사하는 것이라고 했다.

> "행복으로 가는 길은 지금 순간을 즐기고 감사하는 것이다. 우리에게 필요한 것은 준비기로써 희생하는 현재가 아니라 'savoring' 대상으로서의 현재다."

더 나아가, 데브라 노빌은 《감사의 힘》에서 행복은 감사로부터 시작

된다고 한다.

"행복(Happiness)'은 '감사합니다'로 시작되고 성공(Success)은 '고맙습니다'로 보장한다."

사람들이 그토록 찾는 행복은 먼 곳에 있지 않다. 아주 가까운 데 있다. 마음, 즉 감사하는 마음에 있다. 행복으로 이끄는 것은 많은 것을 소유하는 것이 아니라 감사하는 마음때문이다. 지금 당장 행복할 수 있다. 행복으로 이끄는 것은 '감사합니다'라는 말 한마디면 된다.

성경은 우리에게 감사를 강조한다. 예수님을 가장 많이 닮은 사도 바울의 서신은 감사로 시작해 감사로 마친다. 먼저 로마서를 보자.

"먼저 내가 예수 그리스도로 말미암아 너희 모든 사람에 관하여 내 하나님께 감사함은 너희 믿음이 온 세상에 전파됨이로다(롬1:8)." "그들은 내 목숨을 위하여 자기들의 목까지도 내놓았나니 나뿐 아니라 이방인의 모든 교회도 그들에게 감사하느니라(롬16:4)."

다음으로 고린도전서를 보자.

"그리스도 예수 안에서 너희에게 주신 하나님의 은혜로 말미암아 내가 너희를 위하여 항상 하나님께 감사하노니(고전1:4)." "우리 주 예수 그리스도로 말미암아 우리에게 승리를 주시는 하나님께 감사하노니(고전15:57)."

21세기를 쥐고 흔들었던 스티브 잡스(Steve Jobs)도 감사가 삶의 일부분이었다. 그는 스탠퍼드 대학교 졸업식에서 한 연설의 말머리는 다음과 같이 시작된다.

"감사합니다. 오늘 세계적 명문대학에서 여러분과 함께하여 영광입니다. 솔직히 말씀드리자면, 저는 대학을 나오지 않았습니다. 그래서 지금 이 자리가 마치 제가 졸업을 하는 것처럼 느껴집니다."

그뿐만 아니라 사람들은 중요한 때에 감사라는 말을 한다. 어릴 적, 아들이 자기 생일날 이런 말을 했다.

"엄마, 아빠, 태어나게 해주셔서 감사합니다."

얼마 전 어머니께서 하나님의 품에 안기셨다. 어머니께 마지막 해 드렸던 말이 있다.

"지금까지 제 인생에 함께 해 주셔서 감사합니다. 어머니 고생 많이 하셨습니다. 어머니와 함께해서 행복했습니다. 그리고 감사했습니다."

아마 내가 하나님께 가는 날 하나님, 가족, 그리고 지인들에게 이런 말을 할 것이다.

"제 인생에서 함께 해주셔서 감사드립니다."

인생은 평생 감사하며 살아야 한다. 매 순간 감사하며 살아야 한다. 인생은 감사로 시작되고 감사로 마쳐야 하기 때문이다. 아니, 인생은 그 자체가 감사이다. 사람이란, 살아 있는 동안 평생 감사하면서 사는 존재이기 때문이다.

그리스도인은 하루를 감사하며 살아야 한다. 한 달을 감사하며 살아야 한다. 일 년을, 평생을 감사하며 살아야 한다. 감사가 자기 인생에 대해 할 수 있는 최고이자 최상의 말이기 때문이다.

이 글을 쓰도록 이끄신 하나님께 감사드린다. 이 글을 쓸 수 있도록 말없이 함께해준 가족들과 아트설교연구원 회원에게 감사를 드린다. 그리고 다짐해본다. 평생 감사하며 살자. 감사하는 것이 인생이기 때문이다.

김도인, 이재영 목사가 독자들에게 평생 감사할 것을 다짐하며…